선생님과 학부모의 대화 놀이 필독서

초등학생을 위한 대화 놀이 123

선생님과 학부모의 대화 놀이 필독서

초등학생을 위한
대화 놀이
123

열쇠 삼촌 **한기철** 지음

율리시즈

이 책을 추천하며

여러 해 동안 지켜본 한기철 열쇠 삼촌은 한결같이, 진심으로 아이들과 만나는 분입니다. 근래 열쇠 삼촌의 놀이 워크숍에 참여자로 함께하면서, 놀기 위해 태어난 사람 같은 에너지, 물 흐르듯이 자연스럽게 얻어지는 참여자 간의 친밀감, 우리가 오늘 처음 만난 것이 맞는지 의심스러울 정도로 웃음 가운데 서로를 더 깊이 알아가게 되는 대화에 많이 놀란 적이 있습니다.

이 책은 '혼자 있으면 외롭고, 함께 있으면 괴롭다'는 요즘 아이들과, 핸드폰만 들여다보는 아이들을 답답해하지만 어떤 대안을 제시해야 할지 고민하는 어른들에게 존중과 수용의 재미있는 대화 놀이를 펼쳐 보여줍니다. 초등학생들을 만나는 분들께, 더 나아가 대화를 원하는 모든 자리에서 실제적인 도움이 될 것이라 기대합니다.

"같이 이야기 나누면서 놀 사람~ 여기 붙어라!"라는 초대에 저도 손을 번쩍 들고 싶습니다.

—정은진(진로와소명연구소 소장, 상담과 환대의 집 오두막지기)

미래의 핵심역량으로 손꼽히는 의사소통능력은 관계적인 측면에서 '대화'와 깊이 연결되어 있습니다. 일상적인 소재의 이야기부터 자기표현력 및 문제해결 과정까지 닿아 있는 대화는 서로의 이야기를 주고받음을 넘어서서 전인격적인 성장의 경험까지 내포하는 의사소통능력의 본질적인 요소입니다.

이 책은 대화와 놀이를 접목하여 곁들여 하면 좋은 몸 놀이부터 다수가 즐기는 대화 놀이까지 다양한 대화 놀이를 초등학교 교육현장에서 활용하기 쉽게 효과적으로 제시하고 있습니다. 잘 빚어진 놀이에 담긴 대화를 통해 의사소통능력 함양뿐만 아니라 더 나아가 학생들의 건강한 대화 문화가 형성될 수 있기를 기대합니다. 대화 놀이에 초대된 교육공동체의 '참된 만남'을 응원합니다.

—김지현(서광초등학교 교사)

여기, 자기 앞에 있는 아이들을 고유한 인격체로 여기며 그들과 눈높이를 맞추어 무릎을 꿇는 어른이 있습니다. 그와 함께 신나게 웃고 온몸으로 놀다 보면 어느새 캠프의 밤이 찾아옵니다. 엄마의 초이성형 대화에 기가 죽었던 아이는 열쇠 삼촌의 진정성 있는 대화와 놀이를 통해 생생하게 살아납니다. 지금은 성인이 된 둘째 딸아이는 열쇠 삼촌이 함께 키워준 덕분에 건강한 어른이 되었습니다.

대상관계 이론에서는 어릴 적 주 양육자와의 관계 경험이 성격 형성과 대인 관계에 큰 영향을 준다고 봅니다. 상담자는 내담자가 긍정적인 관계 경험과 정서체험을 통해 자신도 '사랑받을 만하고 괜찮은 사람'이라고 느끼도록 돕습니다. 이때 상담자는 '버텨주고 holding, 담아주는containing' 환경을 제공하기 위해 무수한 시간과 노력을 들입니다. 그런데 열쇠 삼촌은 이런 능력을 갖고 태어난 사람처럼 보이니 신기할 뿐입니다. 열쇠 삼촌이 풍부한 현장 경험을 토대로 알차게 구성한 《초등학생을 위한 대화 놀이123》을 들고 그 앞에 앉아 마냥 놀고 싶습니다. 그러면 저도 꽤 괜찮은 아이가 되어 웃을 것 같습니다.

"열쇠 삼촌 만나본 사람, 손가락 접어~!"

—엄혜선(상담심리전문가, 나쓰담상담교육연구소 대표, 《모모와 다 큰 왕자》의 저자)

저희 가정의 약속 중 하나는 식당에서 식사가 나오기를 기다릴 때와 이동 중인 차 안에서 핸드폰을 사용하지 않는 것입니다. 작은 테이블에 옹기종기 둘러앉아 맛있는 음식을 기다리는 순간, 여행을 위해 좁은 차 안에 오랜 시간 함께 있는 그 순간이 얼마나 귀한지요! 그 귀한 순간을 핸드폰에 눈과 마음을 빼앗기지 않도록 작은 놀이를 합니다. 끝말잇기, 스무고개, 초성 퀴즈, 이상형 월드컵, 손가락 접기, 손가락 제로 놀이…… 다섯 명이 차례를 몇 번이고 반복하다가 식사가 나오고 목적지에 도착해야 끝을 낼 수 있는 재미있는 놀이들입니다. 이 책은 가족과 함께하는 일상에서 쉽게 꺼내 즐겁게 활용할 수 있는 다양한 대화 놀이를 소개하고 있으니 초등 자녀를 키우는 가정에는 참으로 반가운 일입니다.

열쇠 삼촌의 이번 대화 놀이책 소식이 반가운 또 하나의 이유는 아동·청소년 현장에서의 대화 놀이에 대한 필요 덕분입니다. 〈놀이숲〉에서도 아이들과 몸을 움직여 땀 흘리며 놀다가도 숨을 고르며 앉아서 대화 놀이를 할 때가 있습니다. 대화 놀이가 시작되면 서로의 말에 귀 기울이고, 서로를 아는 즐거움으로 웃음을 터뜨리며, 마침내 행복한 만남과 사귐을 경험하는 감격의 순간을 맞이합니다. 그렇게 귀한 시간을 경험한 아이들은 집에서도 해보고 싶다고 하곤 합니다. 참으로 기특합니다. 부디 모든 가정과 초등 현장에서 대화 놀이를 통해 아이들이 서로를 알아가는 기쁨을 누리고, 더욱 건강하고 단단하게 자라가기를 바랍니다.

—박혜령(놀이숲 대표, 삼남매의 엄마)

우리 마을엔 〈파릇파릇〉이라는 어린이 놀이 동아리가 있습니다. 〈파릇파릇〉은 사람들의 만남이 어려웠던 코로나 시기에 만들어졌습니다. 공포심에 서로를 멀리하던 그때 어린이들이 만나 함께 놀 수 있던 원동력은 일상에 대한 그리움과 즐거움을 찾고 싶어서였을 것입니다. 서로 얼굴도 낯설고 나이도 서로 다른 아이들은 함께 노는 것만으로도 살 것 같다고 했었습니다. 이 만남을 이끌 수 있었던 동기는 열쇠 삼촌 한기철 선생님의 집콕놀이책 덕분이었습니다. 우리는 놀이 안에서 마음으로 연결하는 대화를 하기도 합니다. 하지만 아이들과 말이 잘 통하지 않는다는 부모님이나 말을 잘하지 않아서 답답하다는 선생님을 만날 때도 있습니다. 새로 만난 친구들과 어색함을 풀지 못하고 자신을 탓하는 아이들도 만났습니다. 이런 고민을 해결해줄 반가운 책, 한기철 선생님의 대화 놀이는 누구나 자연스럽게 서로의 이야기를 나눌 수 있게 만들어줄 것입니다. 그리고 서로를 알아가는 즐거움과 이해하고 공감하는 마음을 대화 놀이로 습득해갈 것입니다. 가정, 학교, 우리가 함께하는 곳에서 대화 놀이로 따뜻한 공간들이 많이 생겨나기를 기도합니다.

—최회란 (공릉청소년문화정보센터 가치놀자 대표, 마을놀이활동가)

책을 읽는 내내 수줍은 듯 자신의 이야기를 꺼내는 아이들을 향해 몸을 기울인 채 활짝 웃는 표정과 반짝이는 집중의 눈으로 꼭 맞는 타이밍에 특유의 밝은 웃음소리를 선물하는 열쇠 삼촌 한기철 작가님의 얼굴과 목소리가 입체감 있게 떠올랐습니다.

단순히 재미있는 놀이 시간 한 번을 보내기 위한 도구로서가 아니라 놀이 또한 무엇을 하느냐보다 어떻게 하느냐가 더 중요하다는 울림, 그리고 아이들의 이야기에 귀 기울이고 공감을 나누고 싶어 하는 따뜻한 어른의 마음, 그 온기의 언어로 읽어졌습니다.

다소 미숙하더라도 아이들에게 진심으로 다가가 만남과 사귐을 경험하고 건강한 또래문화를 구현하고자 용기 내는 다양한 현장의 선생님, 부모님들에게도 분명 동일하게 읽어지리라 믿습니다. 그리고 두 번, 세 번 읽을 때마다 이 대화 놀이를 함께하며 행복해할 독자들의 현장에 선물처럼 존재하는 아이들의 얼굴이 떠오르게 될 것입니다.

놀이를 적용한 1:1 만남, 집단 활동, 신학기 상담을 준비하시는 선생님들에게도 좋은 교재가 되리라 생각됩니다. 저는 곧 다가올 아이들과 만남을 준비하는 우리 놀이 봉사자 선생님들과 함께 읽으며 공부하는 교재로 활용할 작정입니다. 우리의 만남을 따뜻함으로 가득 채워줄 양식을 얻은 듯한 든든함과 설렘으로 책을 기다리겠습니다.

—박애경(교육복지사, 대구동부교육지원청)

머리말

나는 놀이를 통해 전국의 다양한 어린이들을 만나오고 있다.

대화와 관련해 아직도 선명히 기억하는 한 장면이 있다. 집단프로그램을 마치고 가는데 한 친구가 따라 나와서는 "삼촌, 한 권만 주시면 안 돼요? 다른 친구들과도 해보고 싶어요"라며 대화 책자를 달라고 부탁했다. 대화 놀이가 핸드폰보다 훨씬 더 재밌다면서. 분명, 수업이었지만 놀았다고 했다. 어린이들은 대화 놀이를 통해 자연스럽게 서로에게 집중하고 경청하며 진솔하게 자신의 이야기를 나누었다. 내가 누구인지 생각해보기도 하고, 서로를 알아가기도 했으며, 더욱 친밀해지기도 했다. 무엇보다 친구와 대화를 나누면서 즐거워하고 행복해하던 그 모습들이 가슴 벅찼다. 이 책의 탄생은 그런 만남이 심어준 꿈의 씨앗 덕분이다.

이 책은 초등 어린이들과 그 현장을 위한 대화 놀이책이다. 대화를 촉진하는 놀이책이요, 놀이를 통해 대화를 촉진하는 책이다. 촉진이란 쉽게 만든다는 의미가 있는데 이 책은 반드시 대화 전문가, 놀이 전문가가 아니더라도 뜻이 있는 사람이라면 누구나 쉽게 활용할 수 있도록 구성했다. 그런 면에서 시중에 나와 있는 대화법이랄지 대화의 기술을 가르치는 책들과 다르다. 이 책은 대화를 잘하는 법을 가르치는 책이 아니다. 대화의 즐거움을 누리고, 건강하고 행복한 대화의 경험으로 초대하는 책이다. 대화를 가르치는 책이 아니라 향유할 수 있게 하는 책이라 함이 맞다.

이 책의 목적은 단순하고도 분명하다. 어린이들 사이에 건강한 대화 문화가 형성되는 데 작은 보탬이 되기 위함이다. 내가 생각하는 건강한 대화는 한마디로 즐겁고 편안한 대화다. 어린이들의 대화가 즐거웠으면 좋겠다. 대화를 통해 이야기를 나누는 즐거움을 누리고 서로를 알아가는 즐거움, 가까워지는 기쁨을 누렸으면 좋겠다. 대화가 곧 즐거운 놀이가 되었으면 좋겠다. 시간 가는 줄 모르고 대화의 세계에 푹 빠져 그 즐거움을 맛본 사람은 알 것이다. 그것이 얼마나 재밌고 감격스러운 놀이인지. 어린이들의 대화가 편안하고 평화로우면 좋겠다. 지적이나 탓, 비교나 비난, 험담이나 욕설이 아니라 있는 그대로 있어도 괜찮고 안전한 대화였으면 좋겠다. 요컨대 내가 생각하는 어린이들의 건강한 대화 문화란 '즐겁고 편안한 대화 문화'라 할 수 있다. 이런 문화는 나와 너의 진솔하고 행복한 만남과 사귐을 촉진한다.

초등교육 현장에서 학교 교육의 위기는 곧 인성 교육의 위기라는 데 대부분 동의한다. 그런 점에서 건강한 대화 문화의 형성은 인성 교육의 회복을 위한 핵심적인 대안 중 하나다. 대화는 만남이자 놀이다. 이야기를 주고받으며 사이를 잇고 세우는 만남이요, 마음과 마음을 잇는 놀이이다. 인간은 나와 너 사이에 있는 관계적 존재이며 대화는 인간 사이의 관계를 특징 짓는 본질적인 요소이다. 모든 참된 삶은 만남이라고 했던 실존주의 철학자인 마르틴 부버는 나는 너를 통해 진정한 나로 성장한다고 말하기도 했다. 스위스의 정신과 의사인 폴 투르니에는 건강한 성장과 발달, 충만한 삶을 위해서는 누군가 진지하게 내 말을 들어주고 이해해주는 사람이 필요하다고 강조하기도 했다. 즉, 건강한 대화는 나와 너의 참된 만남과 행복한 삶, 온전한 인간으로서의 성장을 위한 꼭 필요한 삶의 요소라 하겠다.

대화는 가르치기 이전에 경험하는 것이다. 대화를 배우지 못한 이유는 건강한 대화를 경험해보지 못했기 때문이라 생각한다. 어린이들의 건강한 대화 문화 형성은 쉽지 않은 일이지만 그 실천은 간단하다. 건강한 대화를 경험할 수 있는 장을 만들어주는 것이다. 나아가 어린이들 스스로 그런 대화의 문화를 만들어가는 힘을 기를 수 있도록 촉진하는 장을 마련하는 것이다. 이 책이 그를 위해 작은 보탬이 되길 간절히 소망한다. 어린이들을 살리는 힘이 '대화'에 있음을 믿고 함께하고자 하는 이들을 초대하고 싶다.

"같이 이야기 나누면서 놀 사람~ 여기 붙어라!"

어린이들의 열쇠 삼촌
한기철

목차

제1장 곁들여서 하면 좋은 몸 놀이

제2장 짝과 즐기는 대화 놀이

제3장 모둠이 즐기는 대화 놀이

제4장 다 같이 즐기는 대화 놀이

이 책에 담긴 대화 놀이의 특징

첫째, 사귐을 촉진하는 대화 놀이입니다
이 책에 담긴 대화 놀이는 서로 즐겁고 편안하게 격식 없이 대화를 나누며 서로 알아가고 가까워질 수 있도록 촉진하는 데 초점을 두고 있습니다. 그런 면에서 사교적이고 친교적이며 관계 중심적인 대화 놀이라 할 수 있습니다.

둘째, 승패가 없는 대화 놀이입니다
대화는 특정 이해관계에서 어떤 의도나 목적을 이루기 위한 토론이나 협상과는 다릅니다. 대화는 서로 이기기 위한 경쟁적인 것이 아니라 서로를 이해하기 위함입니다. 그런 면에서 이 책에 담긴 대화 놀이는 승패 없이 대화 그 자체가 목적이 되어 즐기는 대화로 초대합니다.

셋째, 구경꾼이 없는 대화 놀이입니다
대화와 놀이의 공통점 중 하나는 자발성입니다. 내가 스스로 하지 않으면 하기 어렵다는 점입니다. 이 책에 담긴 대화 놀이는 자발적이고 주체적이며 자기 주도적인 참여를 촉진합니다. 누구 한 사람 소외되거나 구경꾼 없이 상호 참여하면서 활발하게 관계 맺을 수 있도록 구조화되어 있습니다.

넷째, 누구나 쉽게 꺼내어 할 수 있는 대화 놀이입니다
대인 및 모둠, 전체 집단이 함께할 수 있는 다양한 형태의 대화 놀이가 담겨 있습니다. 그리고 누구라도 하고자 하는 마음만 있다면 쉽게 할 수 있습니다. 그런 면에서 이 책은 필요에 따라 원하는 대화 놀이를 쉽게 꺼내어 쓸 수 있게 되어 있습니다.

다섯째, 다양한 현장에서 활용할 수 있는 대화 놀이입니다
집단의 특성과 상황, 목적에 따라 다양하게 적용, 활용할 수 있는 대화 놀이가 담겨 있습니다. 학교뿐 아니라 다양한 초등 현장에서도 활용 가능합니다. 나아가 여기 나와 있는 대화 놀이를 변형, 재창조해 사용 가능하며 대화 놀이 프로그램 개발에도 유익합니다.

대화 놀이를 위해 권하는 이야기

대화 놀이는 놀이라는 그릇 안에 대화를 담은 것이다. 규칙과 방법이 있는 놀이 안에서 대화가 이루어지는 것이 대화 놀이이다. 물론 대화는 그 자체로 놀이이고, 놀이는 그 자체로 대화이기도 하다. 대화 놀이는 대화를 좀 더 쉽고 즐겁게, 효과적으로 나눌 수 있도록 촉진한다. 놀이를 통한 대화 경험은 아이들에게 자연스럽게 다양한 인지적, 정서적, 관계적, 성찰적 경험과 함께 전 인격적인 성장의 경험을 주기도 한다. 이를 위해 중요한 것은 누가 대화를 어떻게 하느냐와 함께 대화 놀이를 어떻게 하느냐다. 대화 놀이를 진행하실 분들께 드릴 당부의 말씀 열 가지를 정리했다.

하나. 참 만남을 추구하세요

교육은 만남에서 시작됩니다. 누구를 만나느냐에 따라, 어떤 만남인지에 따라 교육의 결과는 사뭇 달라집니다. 볼노우Bollonow는 만남이 교육에 우선한다며 교육에서 만남의 의미와 중요성을 말하기도 했습니다. 놀이 안에서는 가르치는 자와 배우는 자의 구도가 아닌, 참여하는 주체와 주체로서의 만남이 일어납니다. 교사나 지도자로 있기 이전에 놀이의 참여 주체로 학생들과 인격과 인격의 만남을 이뤄가길 권합니다. 참된 만남 가운데 진정한 교육적 경험도 일어납니다. 대화 놀이를 할 때 교사와 학생, 학생과 학생의 관계에서 가르치려 하지 말고 진정한 만남을 추구해보세요. 독립된 인격체인 '나'와 '너'의 진실한 만남을 추구하며 진심으로 놀아보세요.

둘. 과정 중심의 대화를 나누도록 해요

의도에 따른 결과 혹은 어떤 목적을 지향하는 것은 결과 중심의 대화입니다. 반대로, 과정 중심의 대화는 대화가 대화 되게 하는 대화입니다. 즉, 대화 그 자체가 목적이 되고, 대화의 과정에 집중하여 온전히 그 과정을 즐기는 대화입니다. 대화에 어떤 목적을 두지 않을 때 진짜 나와 너를 만날 수 있습니다. 대화가 대화 되고, 놀이가 놀이 될 수 있습니다. 교육적 목적보다는 대화의 과정과 즐거움을 온전히 누리도록 허용해주세요.

셋. 존중, 수용의 집단 분위기를 조성해요

대화 놀이 집단에서 집단의 분위기는 관계와 문화 형성, 경험과 성장을 촉진하는 중요한 요소입니다. 긴장과 어색함, 걱정과 불안이 사라지는 편안한 분위기, 열린 마음으로 자신을 개방하고 상대를 있는 그대로 인정하고 받아들이는 분위기, 내가 나로 있어도 괜찮은 분위기, 부정적인 감정도 부정되지 않고 받아들여지는 분위기, 맞을까 틀릴까 정답으로부터 자유로운 분위기, 침묵도 참여와 소통의 방식이자 과정으로 존중되는 분위기, 서로를 기다려주는 분위기, 평소에 다른 곳에서 꺼내기 어려운 이야기도 편하게 나눌 수 있는 분위기. 이런 집단의 분위기는 상대를 있는 그대로 존중하고 수용하며, 동시에 상대로부터 받아보는 경험이 쌓여갈 때 형성됩니다. 이에 교사(지도자)가 먼저 학생을 있는 그대로 존중하고 수용하는 관심과 태도를 보여주는 것이 중요합니다. 존중과 수용의 분위기는 안전한 지지 공동체를 형성하고 신뢰감을 가져다줍니다. 나아가 서로 친밀하고 의미 있는 관계를 맺을 수 있도록 촉진합니다.

넷. 공감하고 이해해주세요

공감하고 이해한다는 것은 상대방의 마음으로 들어가 그 사람의 입장에서 느끼고 생각해 보며 이해한다는 의미입니다. 이를 위해서는 선입견이나 고정관념을 내려놓는 게 필요합니다. 내 판단과 평가하려는 태도를 내려놓고 상대의 이야기를 있는 그대로 들어야 합니다. 칼 로저스는 대화의 가장 중요한 요소 중 하나가 공감적 이해이며, 한 사람에 대한 깊은 이해는 인간이 줄 수 있는 최고의 선물이라고 했습니다. 공감적 이해는 진솔한 대화와 깊은 인간관계로 나아갈 수 있게 해주고 이는 성장의 중요한 촉진제가 되어줍니다.

다섯. 진실한 대화를 추구하세요

진실한 대화는 진정성 있는 대화, 진심을 나누는 대화, 나와 다른 사람에게 솔직한 대화라 할 수 있습니다. 가면을 쓰지 않는 대화이고 진짜 나를 내보이는 척, 듣는 척, 진심인 척, 척하지 않는 대화예요. 대화와 관계를 맺는 과정에서 교사가 자신을 숨기지 않고 생각과 감정을 진실한 태도로 드러내면 학생들은 교사의 진정성을 느끼고 경험합니다. 진실한 대화의 관계 속에서 더 마음을 열고 서로가 더욱 의미 있고 성장하는 관계로 들어갈 수 있습니다. 두렵고 떨릴 수 있으나 내 안에 진실한 마음을 열어 보이는 용기와 모험을 해볼 가치가 충분한 이유는 그 때문입니다.

여섯. 대화의 약속을 공유해요

대화의 약속은 대화의 세계로 초대하는 과정입니다. 집단에 전반적으로 흐르는 공기를 형성하는 중요한 요소이지요. 서로 즐겁고 편안한 대화를 위한 마음을 모으고 대화 집단의 분위기를 창조하는 역할을 합니다. 그리고 대화에 참여하는 이들에게 안전한 울타리가 되어 마음을 열고 편안하게 임할 수 있도록 돕습니다. 대화의 약속에는 귀 기울여 듣기, 있는 그대로 듣기, 끝까지 듣기, 반응하기, 침묵 허용하기, 진심으로 말하기, 비밀 지켜주기 등이 있습니다. 이와 같은 대화의 약속은 다 같이 즐겁고 편안한 대화, 서로에게 좋은 친구가 되어주는 대화를 만들어가는 중요한 역할을 합니다. 각각의 약속에 관한 이야기는 다음 장에서 다루었습니다.

일곱. 가르치지 말고 경험하게 하세요

대화는 일상의 영역이고 경험의 영역입니다. 강의식, 주입식으로 가르친다고 배울 수 있는 게 아닙니다. 진정한 배움은 진정한 경험에 있다고 믿습니다. 대화를 만나게 하고, 그 안에서 참된 나와 너를 만나는 대화적 경험을 하는 기회의 장을 만들어주세요. 그런 면에서 놀이로 하는 대화의 장은 대화적 경험의 훌륭한 환경이 되어줍니다. 놀이에 대한 흥미와 욕구를 바탕으로 대화에 자발적으로 참여하고 몰입하다 보면, 자연스럽게 대화의 즐거움과 존중과 수용, 공감과 이해, 말하기와 듣기, 친해지기, 성장과 같은 교육적 경험을 할 수 있습니다. 머리만이 아니라 온몸과 마음으로 경험하고 배울 수 있습니다. 이런 경험의 축적은 학생의 삶으로, 또래 및 배움의 공동체 문화로도 나타날 것입니다.

여덟. 이름을 불러주세요

성서에서는 한 영혼이 천하보다 귀하다고 했고, 정현종 시인은 한 사람이 오는 것은 그 사람의 과거와 현재와 미래가 오는 것이라 했습니다. 그만큼 한 사람, 한 영혼은 실로 말할 수 없을 만큼 소중한 존재입니다. 누군가의 이름을 기억하고 불러주었을 때 비로소 의미 있는 존재와 존재의 만남이 시작되고 관계가 맺어집니다. 세상에 단 하나뿐인 존재의 특별함과 소중함을 알아주는 부름이 바로 이름을 불러주는 것입니다. 사람은 모두 의미 있는 관계를 추구하고 의미 있는 관계 속에서 성장합니다. 학생들의 이름을 마음을 담아 따뜻하게 불러주세요. 서로 다정하게 이름을 불러주는 문화가 형성되도록 관심을 기울여주세요.

아홉. 적절한 구조화가 필요해요

대화 놀이를 촉진하기 위해서는 대화적 경험을 효과적으로 할 수 있도록, 대화 놀이에 집중할 수 있도록 대화 놀이의 환경을 적절하게 구성하는 구조화가 필요합니다. 짝은 어떻게 구성할지, 모둠별로 인원은 어떻게 할지, 이야기 나누는 순서는 어떻게 정할지, 어떤 대화 놀이를 할지, 같은 놀이라도 집단에 따라 어떻게 다르게 적용할지, 마주 보면서 할 것인지 둘러앉을 것인지, 바닥에서 할 것인지 의자에 앉아서 할 것인지, 중간에 남은 시간은 어떻게 공유할지, 집중력이 짧거나 이해력이 낮거나 함묵증을 가진 학생 등 각 집단별 상황에 따라 어떻게 접근할 것인지, 다양한 요인을 고려한 적절한 구조화가 필요합니다. 이 책에 소개된 대화 놀이는 모둠 인원과 형태, 놀이 규칙과 방법, 시간 등 기본적으로 구조화되어 있으니 현장에 맞게 적절히 변형하여 적용하시길 바랍니다. 적절한 구조화를 위해서는 학생과 집단에 대한 지도자의 깊은 관심과 이해를 비롯하여 구조화를 위한 지속적인 연습과 훈련이 필요합니다.

열. 나-전달법으로 대화해요

'나-전달법'(I-message)은 쉽게 말하면 주어가 '너'(You)가 아닌 '나'(I)로 시작하는 대화를 의미합니다. 이는 다른 사람의 말과 행동을 두고 상대를 평가하거나 판단하는 대화가 아니라 내 느낌과 생각, 감정 등을 표현하는 대화입니다. '나-전달법'은 상대의 말과 행동을 사실적으로 들려주고, 그 행위가 어떤 영향을 주었고 내게 어떤 감정이 들게 했는지 들려주는 겁니다. 나아가 그 행동에 대한 나의 바람을 전합니다. '나-전달법'은 학생을 지시, 명령, 통제하려는 의도가 아니라 한 사람으로서 내 생각과 감정, 상황을 인지할 수 있도록 알려주는 데 초점을 둡니다. 사실, 이는 교사이기 이전에 한 사람으로서 나를 진실하게 드러내는 행위입니다. 열린 마음으로 나를 진솔하게 전하는 마음과 태도는 절대 배신하지 않습니다. 교사와 학생 이전에 사람과 사람 사이의 인격적인 대화와 관계로 나아가게 해줄 것입니다. 이는 교사와 학생만이 아니라 학생과 학생 사이에서도 건강하고 친밀한 관계를 유지하고 가꾸어 갈 수 있게 합니다. 한편, 대화 놀이 집단에서 교사의 이런 태도는 학생의 교사에 대한 이해 및 자발적인 참여와 협조를 돕기도 합니다.

대화의 약속

하나. 귀 기울여 들어요

귀 기울여 듣는 것을 경청이라고 해요. 경청은 상대의 이야기를 몸과 마음으로 듣는 거예요. 하던 것을 멈추고 몸을 바로 하여 상대에게 집중해서 듣는 거예요. 경청은 상대를 높이고 소중하게 대하는 존중의 마음과 태도를 보여줍니다. 서로의 이야기를 귀 기울여 들어준다면 정말 행복한 대화가 될 거예요.

둘. 있는 그대로 들어요

있는 그대로 듣는다는 것은 서로 다름을 인정하고 상대의 이야기를 있는 그대로 받아들이는 거예요. 내 고정관념이나 선입견으로 바라보거나 듣지 않는 것입니다. 상대에게 조언이나 충고하는 시간이 아님을 기억하세요.

셋. 끝까지 들어요

상대가 이야기하는 동안에는 중간에 말을 끊지 않고 끝까지 듣습니다. 궁금하거나 하고 싶은 말이 있더라도 참고 기다려주세요. 상대의 말을 끝까지 잘 들어준다면 상대도 내가 말할 때 그렇게 들어줄 것이라고 기대할 수 있어요.

넷. 반응해줘요

반응은 상대의 마음을 이해할 때 할 수 있습니다. 상대의 마음을 이해하고, 내가 너의 이야기를 귀 기울여 듣고 있음을 상대가 느낄 수 있도록 표현해주세요. 고개를 끄덕이거나 "오!", "그래?"와 같이 맞장구를 칠 수도 있어요. 자기만의 진심을 담은 표현으로 상대방이 느낄 수 있도록 반응해주세요.

다섯. 침묵을 허용해요

말하고 싶지 않을 때는 꼭 하지 않아도 돼요. 다음으로 넘어가도 되고, 말하고 싶을 때 말할 수 있도록 침묵을 존중해줍니다. 침묵도 소통과 참여의 과정이에요. 침묵이 존중될 때 서로 편안한 대화의 자리가 됩니다.

여섯. 진심으로 말해요

진심으로 말한다는 것은 거짓이나 꾸밈없이 진실하고 솔직하게 말하는 것입니다. 장난스럽게 하거나 상처 주는 말과 태도로 말하지 않는 거예요. 진심은 통해요. 내가 진심으로 말할 때 상대도 진심으로 듣고 말해줄 수 있어요.

일곱. 비밀을 지켜줘요
평화롭지 않고 행복하지 않은 학급이 안고 있는 문제 중 하나가 친구들 사이의 뒷담화 문화입니다. 둘 사이에 나눈 이야기는 함부로 퍼트리지 않고 서로의 비밀을 지켜주기로 해요. 비밀을 지켜주면 안심하고 서로를 신뢰하면서 이야기를 나눌 수 있어요.

대화 놀이를 하면서 이런 약속의 의미를 구구절절 설명하거나 가르치는 태도는 바람직하지 않다. 대화 놀이로 들어가는 걸림돌이 되기 때문이다. 기본적으로 간단하고 진솔하게 나누되 집단과 활동에 따라 강조할 약속들은 좀 더 구체적으로 나누는 유연성이 필요하다. 한 가지 더 나눌 가치가 있는 숨겨진 약속은 대화의 시간이다. 꼭 시간 안에 마쳐야 한다는 부담은 갖지 않도록 한다. 각 사람과 모둠만의 속도로 여유롭고 편안하게 대화 과정을 누리는 분위기가 되도록 관심을 기울인다. 대화는 과제를 해결하듯 하는 게 아니라 편안한 여행을 즐기듯 여유 있게 하는 것이다.

다시 강조하지만 대화의 본질과 핵심은 기술이 아니라 마음과 태도에 있다. 만약 어린이들에게 대화의 약속을 한 단어로 나누어야 한다면 나는 '진심'이라고 말하고 싶다. 진심이야말로 대화에 있어서 가장 중요한 기술이라고 믿기 때문이다.

1장

곁들여서 하면 좋은 몸 놀이

대화 놀이를 하기 전에 긴장과 어색함을 풀고
자연스럽게 대화 놀이로 이어질 수 있도록
촉진하는 놀이가 담겨 있어요.
둘씩 짝을 이루어 하는 놀이
모둠 및 다 같이 할 수 있는 놀이 등
다양하고 방관자 없이 함께 즐길 수 있어요.
하다 보면 즐겁고 편안한 대화 분위기가 형성될 거예요.

손가락 협동 제로

외친 숫자에 맞게 엄지손가락을 드는 놀이

1. 두 명씩 짝을 이루어 한 팀이 됩니다.

2. 준비되면 선생님이 예비 구호로 "제로, 제로"를 말하고 이어서 진짜 외치려는 숫자 하나를 말합니다.

3. 이때 학생들은 동시에 엄지손가락을 하나 또는 두 개를 위로 들거나, 둘 다 들지 않아도 됩니다.

4. 같은 팀인 두 학생이 든 손가락 개수가 선생님이 외친 숫자와 같으면 선생님과 마음이 통한 셈입니다.

5. 이런 식으로 다섯 번 중에 몇 번이나 선생님과 통했는지 알아봅니다.

tip 하나: 선생님 대신에 학생 중 한 명을 선정하여 숫자를 외치는 역할을 할 수 있어요.

tip 둘: 선생님이 숫자를 외치기 전에 짝이랑 서로 예측해보도록 해요.

tip 셋: 선생님은 '제로(zero, 0)', '하나', '둘', '셋', '넷' 중에 하나를 말하면 돼요.

같은 놀이 다르게

1. 손가락 대신에 일어서기와 앉기, 오른손 또는 왼손 들기 방식으로도 할 수 있습니다.

동작 텔레파시

정해진 3개 동작 중 하나를 취하여
선생님과 같은 동작을 내는 놀이

1. 선생님은 사전에 취해야 할 세 가지 동작을 알려줍니다.

2. 다 같이 "하나, 둘, 셋!"을 외친 뒤에 세 가지 동작 중 하나를 취하도록 합니다.

3. 교사와 같은 동작을 취한 사람은 텔레파시가 통한 셈입니다.

4. 다섯 번 중에 몇 번이나 텔레파시가 통했는지 알아봅니다.

tip: 양손 만세, 양손 머리 감싸기, 손 하트처럼 쉽고 재밌는 동작을 정해보세요.

같은 놀이 다르게

1. 짝끼리 해볼 수 있습니다.

2. 진행자와 같은 동작을 한 학생의 수가 목표 인원을 넘으면 다 같이 성공하는 방식
   으로 할 수도 있습니다.

개구리와 파리

얼굴을 오른쪽 또는 왼쪽으로 내미는
방식으로 즐기는 술래잡기

1. 둘씩 짝을 이루어 마주 보고 앉습니다.

2. 이야기를 나누어 한 사람은 개구리가 되고 한 사람은 파리가 됩니다.

3. 서로 양손을 들어 맞대고 각자 얼굴을 손 뒤로 가립니다.

4. 짝과 "하나, 둘, 셋!"을 외친 뒤에 동시에 오른쪽 또는 왼쪽으로 얼굴을 내밉니다.

5. 파리가 개구리와 같은 방향으로 얼굴을 내밀면 파리가 잡힌 게 되고,
   다른 방향으로 내밀면 파리가 살아남은 게 됩니다.

6. 세 번 정도 한 뒤에 서로 역할을 바꿔서도 해봅니다.

tip: 개구리와 파리 대신에 고양이와 쥐, 늑대와 토끼 등으로 할 수 있어요.

4 도대체 몇 개지?

빠르게 움직이는 손가락을 보고 몇 개인지
알아맞히는 놀이

1. 선생님이 손가락을 보일락 말락 좌우로 빠르게 움직이며 보여줍니다.

2. 학생들은 선생님의 손가락이 몇 개인지 알아맞힙니다.

3. 한두 번 해본 뒤에 두 명씩 짝을 이루어 짝끼리도 해봅니다.

tip 하나: 학생들이 집중하는 데 도움이 되는 간단한 놀이예요.

tip 둘: 너무 빠르거나 잘 못 봤다면 한 번 더 보여주세요.

tip 셋: 저마다 기발하고 재밌는 동작들이 나와서 웃음이 나기도 해요.

떡볶이

서로 번갈아 가며 한 글자씩 말하는 놀이

1. 둘씩 짝을 이루어 서로 마주 보며 앉습니다.

2. 순서를 정하여 첫 번째 사람부터 번갈아 가며 '떡', '볶', '이' 식으로 한 글자씩 말합니다.

3. 순서에 해당하는 글자를 제대로 말하지 못하면 승부가 결정됩니다.

4. 이런 식으로 여러 번 해봅니다.

tip: 짝과 의논하여 '바비큐'와 같은 3음절로 된 다른 단어를 정해서도 해볼 수 있어요.

6 만세! 박수!

가위바위보 결과에 따라 해당 동작을
먼저 하면 이기는 놀이

1. 짝과 가위바위보를 합니다.

2. 결과에 따라 이긴 사람은 두 손을 머리 위로 들어서 "만세!"를 외치고, 진 사람은
   박수를 칩니다.

3. 해당 동작을 먼저 취한 사람이 1점을 얻습니다.

4. 누가 먼저 3점을 얻는지 알아봅니다.

tip 하나: 거의 동시에 동작을 취하면 비긴 것으로 해요.

tip 둘: 하다 보면 엉뚱하거나 반대 동작을 하게 되어 저절로 웃음이 나요.

7 경청 잡기 (1)

이야기를 듣다가 '잡아!'라는 말에
먼저 물건을 잡는 놀이

1. 두 사람 사이에 물건을 놓습니다.

2. 선생님이 한 가지 짧은 이야기를 들려줍니다.

3. 중간에 선생님이 갑자기 "잡아!"라고 외칠 때 재빨리 먼저 물건을 잡습니다.

4. 같은 방식으로 이야기를 마칠 때까지 진행합니다.

tip 하나: 선생님의 하루나 어린 시절 이야기, 우리 반의 멋진 점 등 여러 소재로 이야기를
　　　　　할 수 있어요.

tip 둘: 짝이 안 맞으면 세 명이 같이 해도 돼요.

tip 셋: 사전에 이 놀이는 귀를 기울여 들어야 잘할 수 있다고 일러주세요.

tip 넷: 바닥에 앉아서 할 수도 있어요.

같은 놀이 다르게

1. 학생 중 한 사람이 선생님의 역할을 할 수도 있습니다.

8 경청 잡기 (2)

동작을 따라하다가 '잡아!'라는 말에
먼저 물건을 잡는 놀이

1. 두 사람 사이에 물건을 놓습니다.

2. 선생님이 "머리", "어깨" 식으로 외치는 신체 부위에 학생들은 두 손을 갖다
   댑니다.

3. 어느 순간에 선생님이 "잡아!"를 외치면 재빨리 먼저 물건을 잡습니다.

4. 이런 식으로 여러 번 해봅니다.

가위바위보 말하기

가위바위보 놀이로
얼마나 생각이 통하는지 알아보는 놀이

1. 짝과 가위바위보를 합니다.

2. 비기는 순간 짝의 얼굴을 보면서 '눈, 코, 입, 귀' 중 하나를 외칩니다.

3. 같은 곳을 외치면 생각이 통한 셈입니다.

4. 이런 식으로 다섯 번 해봅니다.

tip: 한 사람과 한 번씩 하는 방식으로 돌아다니면서 여러 짝과 해볼 수 있어요.

텔레파시 손뼉치기

오른손 또는 왼손을 내밀어
손뼉이 마주치면 마음이 통하는 놀이

1. 서로 마주 보고 두 손을 눈높이로 듭니다.

2. 짝과 "하나, 둘, 셋"을 외친 다음 오른손 또는 왼손을 앞으로 뻗습니다.

3. 서로 손뼉이 마주치면 텔레파시가 통한 셈입니다.

4. 다섯 번 정도 해서 얼마나 통했는지 알아봅니다.

tip 하나: 눈을 감고도 해보세요.

tip 둘: 대각선으로 손을 내밀거나 두 손을 동시에 뻗을 수 없어요.

11 가위바위보 그리기

가위바위보로 이기거나 비기면
선생님의 얼굴을 그려 나가는 놀이

1. 선생님과 다 같이 가위바위보를 합니다.

2. 이기거나 비긴 사람은 선생님의 얼굴을 한 부위씩 그려 나갑니다.

3. 얼굴형—눈과 눈썹—코—입—머리와 귀 순으로 그립니다.

4. 이런 식으로 선생님의 얼굴을 완성해 나갑니다.

tip 하나: 선생님이 어떤 것을 낼지 힌트를 주고, 짝과 선생님이 어떤 것을 낼 것 같은지
　　　　의논해보도록 하면 친구들 사이에 소통이 활발해지고 협동이 이루어지게 촉진할
　　　　수 있어요.

tip 둘: 중간중간 서로 작품을 보여주고 감상하다 보면 웃음이 나기도 하지요.

tip 셋: 머리를 그릴 땐 상상력을 발휘하여 재밌는 가발을 그리도록 하면 더 재밌어요.

교실 빙고

교실에 있는 물건으로 하는 빙고 놀이

1. 5X5 빙고 칸을 그립니다.

2. 짝과 의논하여 교실에 있는 물건들로 빈 칸을 채웁니다.

3. 선생님이 임의로 하나씩 불러주면 학생들은 해당 목록에 표시합니다.

4. 가로, 세로, 또는 대각선으로 5개가 한 줄이 되면 빙고가 됩니다.

5. 이런 식으로 다섯 줄 빙고가 완성되면 "빙고!"라고 외칩니다.

tip 하나: 학생 이름이나 장점 등 다른 주제로도 할 수 있어요.

tip 둘: 선생님이 무엇을 말할 것 같은지 짝과 의논해서 써보게 해보세요.

13 보글보글 짝

짝의 손과 반대 방향으로
오른쪽 또는 왼쪽으로 고개를 돌리는 놀이

1. 한 사람은 고양이, 한 사람은 쥐가 됩니다.

2. 고양이는 쥐의 얼굴 좌우 중간 지점에 손을 위치시킵니다.

3. 고양이는 "보글보글 짝!"이라고 외친 뒤에 좌우 한 방향으로 손을 돌립니다.

4. 이때 쥐도 고양이의 "짝!"이란 말과 동시에 둘 중 한 방향으로 고개를 돌립니다.

5. 같은 방향이면 고양이가 쥐를 잡은 것이고, 다른 방향이면 쥐가 도망간
   것입니다.

6. 세 번씩 해보고 역할을 바꿔서도 해봅니다.

tip 하나: 방향을 좌, 우뿐 아니라 위, 아래 방향을 추가해서도 할 수 있어요.

tip 둘: '참참참' 놀이의 구호를 '보글보글 짝'으로 바꿔서 한 놀이예요.

어떻게 바뀌었지?

물건의 위치나 모양이 어떻게 바뀌었는지
알아맞히는 놀이

1. 둘씩 짝을 이루어 한 사람은 술래, 한 사람은 탐정이 됩니다.

2. 탐정은 책상 위에 놓인 물건들의 위치와 모양을 기억합니다.

3. 15초 뒤에 탐정은 뒤로 앉아 있고, 그동안 술래는 물건의 위치와 모양
   다섯 곳을 바꿉니다.

4. 다 바꾼 뒤에 탐정은 어디가 어떻게 바뀌었는지 알아맞힙니다.

tip 하나: 물건을 돌려놓거나, 위치를 바꿔놓거나, 어떤 물건은 안 보이게 치워놓을 수
   있어요.

tip 둘: 익숙해지면 관찰 시간을 10초, 5초 식으로 단계별로 줄여서 해보세요.

tip 셋: 둘씩 짝이 안 맞으면 세 명이 같이할 수도 있고, 네 명이 둘씩 팀을 이루어서 할 수도
   있어요.

15 사라진 물건 찾기

어떤 물건이 사라졌는지 알아맞히는 놀이

1. 둘씩 짝을 이루어 한 사람은 술래, 한 사람은 탐정이 됩니다.

2. 각자 소지품을 5개씩 꺼내 책상 위에 올려놓습니다.

3. 탐정은 10초 동안 어떤 물건이 있는지 기억합니다.

4. 뒤로 돌아앉아 있는 동안 술래는 10개 중 3개의 물건을 골라서 안 보이게 치워놓고, 물건의 위치를 서로 바꿔놓습니다.

5. 다 바꾼 뒤에 탐정은 다시 돌아앉아 10초 안에 사라진 물건을 알아맞힙니다.

tip 하나: 작은 물건이 적절해요.

tip 둘: 물건 수를 늘리거나 관찰하는 시간과 알아맞히는 시간을 줄여서도 도전해보세요.

16 디비디비딥 (1)

약속된 동작으로 하는 가위바위보 놀이

1. 선생님은 가위바위보에 해당하는 세 가지 동작을 알려줍니다.

2. '가위'는 양손을 'V' 자로 사진 찍는 자세를 하고, '주먹'은 양손에 주먹을 쥐고 허리춤에 갖다 대며, '보'는 두 팔을 위로 뻗어 만세를 외치는 모양을 만들면 됩니다.

3. 둘씩 짝을 이루고 한 사람이 술래가 되어 "디비디비딥"을 외친 뒤에 동시에 두 사람이 세 가지 동작 중 하나를 취합니다.

4. 다른 한 사람이 술래와 같은 동작을 내면 술래에게 잡힌 것입니다.

5. 이런 식으로 각자 다섯 번씩 술래를 해봅니다.

tip: '디비디비딥'을 속도감 있게 하면 더욱 재밌습니다.

디비디비딥 (2)

선생님과 겨루어 누가 마지막까지
살아남는지 알아보는 디비디비딥 놀이

1. '디비디비딥(1)'과 동작은 같습니다.

2. 선생님이 술래가 되어 선생님과 같은 동작을 낸 사람은 그 자리에 앉습니다.

3. 이런 식으로 마지막까지 살아남은 사람이 누구인지 알아봅니다.

tip 하나: 짝이 한 팀이 되어 같은 것을 내도록 할 수도 있어요.

tip 둘: 중간에 선생님에 관한 퀴즈를 내어 맞힌 사람은 다시 살아나는 기회를 만들 수도
있어요.

엘리베이터 박수

박자와 순서에 맞춰 짝과 손뼉을 마주쳐
빠르게 박수치는 놀이

1. 둘씩 서로 마주 보고 앉아 두 손을 들어 서로 손뼉을 마주칠 준비를 합니다.

2. 자기 두 손끼리 손뼉을 마주치고 바로 이어서 짝과 두 손뼉을 마주치면
   1층 박수입니다. 2층 박수는 자기 두 손끼리 한 번 손뼉을 마주치고 짝과 두 번
   손뼉을 마주치면 됩니다.

3. 이런 식으로 짝과 5층까지 연습해봅니다.

4. 마치면 1층에서 시작해 5층 박수까지 갔다가 다시 거꾸로 1층 박수까지
   한 번도 틀리지 않고 도전해봅니다.

5. 짝과 최단 기록에 도전해봅니다.

tip 하나: 선생님이 먼저 시범을 보여주세요.

tip 둘: 저학년은 낮은 층수로 해보세요.

tip 셋: 두 명 이상이면 둥그렇게 앉아 양옆 사람의 손뼉을 치도록 해요.

19 눈싸움

누가 더 오래 눈을 깜빡이지 않고
버티는지 겨루는 놀이

1. 짝과 얼굴을 가까이 마주 보며 서로의 눈을 응시합니다.

2. 눈을 크게 뜬 채 상대를 눈빛과 표정으로 공격할 수 있습니다.

3. 단, 상대를 위협하거나 신체를 접촉하면 안 됩니다.

4. 이런 식으로 하여 먼저 눈을 감는 사람이 나오면 승부가 납니다.

tip: 승부가 잘 나지 않으면 중간에 약속하에 번갈아 가면서 상대의 얼굴 앞에서
한 번씩 박수하는 식으로 공격할 수 있어요.

20 허벅지 씨름

허벅지 힘으로 겨루는 씨름 놀이

1. 두 사람이 마주 보며 앉습니다.

2. 공격과 수비를 정하여 공격자는 두 다리를 모아서 무릎이 닿도록 붙이고, 수비자는 양다리를 벌려 공격자의 양 무릎을 바깥에서 잡아줍니다.

3. 시작과 함께 공격자는 바깥으로 힘껏 다리를 벌려 무릎이 벌어지게 하고, 반대로 수비자는 공격자의 무릎이 벌어지지 않게 안쪽으로 힘을 줍니다.

4. 만약 공격자의 무릎이 벌어지면 공격자가 이기고, 벌어지지 않으면 수비자가 이기게 됩니다. 혹은 다리가 벌어진 정도로 승부를 겨룰 수 있습니다.

5. 서로 역할을 바꿔서도 해봅니다.

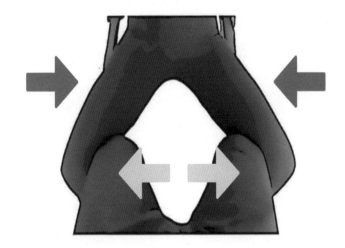

21 손가락, 꾹

어느 손가락인지 알아맞히는 놀이

1. 짝과 가위바위보를 해서 진 사람이 고개를 숙입니다.

2. 이긴 사람은 진 사람의 목 뒷덜미를 한 손가락으로 3초 동안 누릅니다.

3. 진 사람은 고개를 들고 짝이 어느 손가락으로 눌렀는지 알아맞힙니다.

4. 맞히면 역할을 바꿔서 해봅니다.

tip 하나: 짝이 기분 나쁘거나 아프지 않게 손가락을 누르도록 해요.

tip 둘: 손가락을 정확하게 누를 수 있도록 해요.

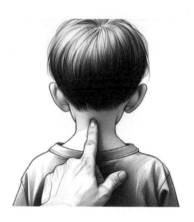

22 쪽지로 인사 나누기

쪽지에 적혀 있는 동작으로 인사를 나누는 놀이

1. 한 명에 쪽지 하나씩 나눠줍니다.

2. 시작과 함께 돌아다니면서 만난 사람과 가위바위보를 합니다.

3. 이긴 사람의 쪽지에 적힌 동작으로 서로 인사를 나눕니다.

4. 이어서 서로 쪽지를 바꿉니다.

5. 같은 방식으로 돌아다니면서 다른 사람과 만나 인사를 나눕니다.

6. 일정 시간 동안 진행합니다.

지령의 예
발바닥과 발바닥을 부딪치면서 인사하기
팔꿈치와 머리를 대고 인사하기
손바닥과 손바닥을 맞대고 한 바퀴 돌리면서 인사하기
혀를 내밀면서 인사하기
머리와 머리를 대고 인사하기
무릎과 무릎을 대고 인사하기
팔꿈치와 무릎을 대고 인사하기
어깨와 어깨를 부딪치면서 인사하기
바닥에 엎드려 절하면서 인사하기
다리 찢은 채 두 손 흔들며 인사하기
제자리에서 만세 자세로 뛰면서 인사하기
코끼리 코를 한 채 열 바퀴 돌고 난 뒤 손 흔들며 인사하기
팔굽혀펴기 세 번을 하면서 인사하기
팔짱 끼고 세 바퀴 돌면서 인사하기
각자 반대편 벽을 치고 와서 인사하기
두 팔과 몸을 꼬면서 인사하기
작은 손 하트를 하고 인사하기
머리를 좌우로 흔들면서 인사하기
눈동자를 좌우로 움직이면서 인사하기
마주 보고 두 손을 잡고 앉았다가 일어서면서 인사하기

곁들여서 하면 좋은 몸 놀이의 활용

1. 몸 놀이 + 짝과 함께 즐기는 대화 놀이
예시) 개구리와 파리 + 텔레파시 손뼉치기 + 둘이서 오순도순

두 사람씩 짝을 이루고 서로 의논하여 한 사람은 개구리, 한 사람은 파리가 되도록 정해봅니다. 이 놀이는 개구리가 파리를 잡고, 반대로 파리가 개구리를 피하여 살아남는 놀이임을 알려주고 시범을 보여주도록 한 학생을 앞으로 초대합니다.

선생님이 개구리, 학생이 파리라고 하고, 준비 동작을 취합니다. 둘이 동시에 "하나, 둘, 셋!" 외친 뒤에 얼굴을 오른쪽 또는 왼쪽으로 내밀어 서로 얼굴을 마주치면 개구리가 파리를 잡은 것이고, 다른 방향으로 얼굴을 내밀면 파리를 놓친 것입니다. 이때 잡은 사람은 "잡았다, 잡았다!"라고 외치고 잡힌 사람은 "괜찮아, 괜찮아!"를 외칩니다. 만약 파리가 안 잡히면 "살았다, 살았다"라고 외치면 됩니다. 이런 식으로 짝과 각각 개구리 세 번, 파리 세 번씩 해보도록 합니다.

각자 몇 번씩 잡았는지 또는 살았는지 손가락으로 표시하게 하여 알아보고 다 같이 박수로 격려한 뒤에 다음 놀이인 '텔레파시 손뼉치기' 놀이로 넘어갑니다. 이번 놀이는 반대로 서로 얼마나 마음이 통하는지 알아보는 놀이임을 일러줍니다. 이어서 다른 학생 한 명을 앞으로 초대하여 시범을 보여줍니다(1-10 텔레파시 손뼉치기 참고). 시범이 끝나면 짝끼리 처음에는 눈을 뜬 채 세 번씩 해보고, 다음으로 눈을 감은 채 세 번씩 해보도록 합니다. 이때 눈을 뜬 채 세 번씩 해본 뒤 잠시 주의를 환기한 후 다음 단계를 안내하고 진행하는 게 바람직합니다.

놀이를 하다 보면 자연스럽게 마음이 열리고 즐겁고 편안한 분위기가 형성됩니다. 이제 두 사람에 한 장씩 '둘이서 오순도순' 활동지를 나눠준 뒤 간단히 '대화의 약속'을 공유합니다. 그리고 짝과 손뼉을 치며 서로에게 기운을 불어넣은 뒤에 놀이 규칙에 따라 대화를 나누면 됩니다. 마지막까지 다 마치면 활동지의 질문 중 '내가 만나보고 싶은 사람'이나 '내가 생각하는 좋은 친구'와 같은 질문을 뽑아서 몇 명에게 물어보면서 다 같이 알아가거나 생각해보는 시간을 가져볼 수도 있습니다. 또는 자원을 받아 몇 명의 학생에게 짝과 이야기를 나눈 느낌이나 짝에 대해 알게 된 점을 들어봅니다.

2. 몸 놀이 + 모둠이 즐기는 대화 놀이
예시) 쪽지로 인사 나누기 + 타이머 이야기 짓기 (2)

먼저 학생들에게 쪽지를 보여주면서 쪽지에는 다양한 인사 지령이 적혀 있음을 일러주고 놀이 규칙과 방법을 시범과 함께 설명해줍니다. 예컨대 시작과 함께 자유롭게 돌아다니다가 한 친구에게 다가가 인사하고 가위바위보를 합니다. 이때 이긴 사람의 쪽지를 펴서 그 쪽지에 적힌 인사 방법으로 서로 인사합니다. 만약 '머리를 좌우로 흔들면서 인사하기'가 나왔다면 서로 마주 보고 머리를 좌우로 흔들면서 "안녕!"이라고 인사하는 식입니다. 마치면 짝과 쪽지를 바꾸어 같은 방식으로 다른 사람을 만나서 인사하면 됩니다. 중간에 선생님이 "세 명"이라고 외치면 세 명이 만나서 하도록 합니다. 이런 식으로 일정 시간 진행하다가 모둠의 인원수만큼 외쳐서 자연스럽게 모둠을 구성하면 됩니다. 놀이 할 때 한 가지 유용한 지혜가 있습니다. 최대한 빨리 우리 반 친구 모두를 만날 수 있도록 하고 다 만난 친구는 선생님을 찾아오라고 일러줍니다. 그러면 좀 더 많은 친구, 다양한 친구와 만나도록 촉진할 수 있습니다. 만약 모든 친구를 다 만났다고 찾아오는 친구가 있다면 보상물 없이 알아주고 축하해주는 것으로 충분합니다.

모둠이 구성되면 모둠끼리 둥그렇게 바닥에 앉도록 합니다. 모둠이 여섯 명이라고 한다면 모둠별로 1번부터 순서대로 6번까지 정합니다. 이번 놀이는 '타이머 이야기 짓기'라고 일러주고 선생님이 한 모둠을 선정하여 시범을 보여줍니다. 먼저 첫 문장은 선생님이 제시합니다. 예컨대 첫 문장이 '학교 화장실에서 보물 지도를 발견했다!'라고 합시다. 그러면 첫 번째 사람부터 이 이야기를 이어서 짧은 한 문장 이야기를 짓도록 합니다. 이런 식으로 순서대로 이야기를 지어 나가다가 1분 30초 알람이 울릴 때 이야기 중인 사람이 당첨입니다. 당첨된 사람은 양옆에 있는 사람에게 한 가지씩 질문을 받아서 대답하며 서로 알아갑니다. 이런 식으로 당첨된 친구가 1번이 되어 선생님이 제시한 다른 문장을 갖고 계속해봅니다. 학생들이 무슨 질문을 어떻게 해야 할지 어려워할 수 있으니 미리 질문지를 준비하는 것도 도움이 됩니다. 이 놀이를 하면 저절로 여기저기서 웃음이 터져 나오는 것을 보게 될 것입니다.

3. 몸 놀이 + 다 같이 즐기는 대화 놀이
예시) 동작 텔레파시 + 선생님, 궁금해요

이번에는 책상에 앉아서 즐길 수 있는 형태의 놀이를 나누겠습니다. 먼저 선생님과 같은 동작을 내는 텔레파시 놀이를 할 거라고 간단하게 소개합니다. 이어서 세 가지 동작을 알려주고 다 같이 연습해봅니다. 예컨대 동작은 '양손 작은 손 하트 만들기', '양손으로 머리를 감싸 쥐기', '양손 머리 위로 들고 만세'로 정하면 됩니다. 동작과 함께 "가위바위보!" 혹은 "디비디비딥!", "빠라빠라밤!"과 같은 준비 신호도 정해봅니다. 준비되면 다 같이 신호를 외치고 동시에 약속된 동작 중 하나를 취합니다. 이때 선생님과 같은 동작을 한 학생들은 텔레파시가 통한 셈입니다. 텔레파시가 통한 학생은 함성을 지르고 안 통한 학생은 "괜찮아, 괜찮아!"를 외쳐봅니다. 이런 식으로 다섯 번을 해서 몇 번이나 선생님과 텔레파시가 통했는지 손가락을 들어서 알아봅니다. 서로 박수로 격려하고 다음 놀이로 넘어갑니다.

이번에는 '선생님, 궁금해요'라는 놀이를 할 거라고 일러주고 놀이 규칙과 방법을 소개합니다. 학생들에게 종이를 한 장씩 나눠주고 선생님에 대해 궁금한 것은 무엇이든지 물어보라고 일러주며 각자 3개씩 질문을 써보게 합니다. 다 쓴 뒤에는 종이비행기를 접어서 칠판 앞으로 날리도록 합니다. 종이비행기 대신 종이 공으로 뭉쳐서 칠판에 그린 점수 표지판을 향해 던지게 해도 좋습니다. 둘 다 놀이의 재미를 더하는 요소가 됩니다. 질문 종이가 어느 정도 모이면 선생님이 하나씩 골라서 적힌 질문 중에 한두 개를 골라 이야기를 들려줍니다. 이런 식으로 일정 시간 동안 진행합니다. 남은 종이들은 모아 두었다가 다른 시간에 틈틈이 해도 좋습니다. 학생들은 생각보다 선생님에 대해 궁금해하고 개인적인 이야기를 듣는 것을 흥미로워합니다. 이번 놀이는 학기 초에 선생님을 알아가는 데 유익합니다.

2장

짝과 즐기는
대화 놀이

둘씩 짝을 이루어 할 수 있는 대화 놀이가 담겨 있어요.
대화는 마음과 마음이 만나고, 마음과 마음을 잇는 놀이예요.
대화 놀이는 이기고 지는 경쟁 놀이가 아니라
서로를 이해하는 놀이기도 하지요.
놀다 보면 어느새 나와 너를 좀 알아가고 이해하며
친밀감을 느끼는 더욱 가까운 사이가 될 거예요.

둘이서 오순도순

각 질문에 번갈아 가면서 대답하며
서로 알아가는 놀이

1. 둘씩 짝을 이루어 마주 보고 앉습니다.

2. 활동지를 한 사람에 하나씩 나눠줍니다.

3. 선생님은 활동에 대해 간단하게 설명하고 활동지에 적힌 대화의 약속을 같이
   읽고 의미를 간단히 나눕니다.

4. 이어서 짝끼리 번갈아 가면서 이야기를 주고받습니다.

5. 이런 식으로 마지막 번호까지 해봅니다.

tip 하나: 먼저 마친 짝은 서로에게 더 궁금한 내용으로 이야기 나누어요.

tip 둘: 다 마친 짝끼리 짝을 바꾸어서도 해볼 수 있어요.

tip 셋: 시간이 다 되면 특정 질문은 몇 사람에게 물어보고 다 같이 들어보세요.

둘이서 오순도순

[대화의 약속]
1. 순서대로 각 질문에 한 번씩 교대로 대답합니다.
2. 진심으로 말하고 귀를 기울여 들어줍니다.
3. 짝의 이야기를 중간에 끊지 않고 끝까지 들어줍니다.
4. 짝의 이야기를 있는 그대로 들어줍니다.
5. 비밀이 필요한 이야기는 서로 지켜줍니다.

1. 내 생년월일	16. 내가 생각하는 사라졌으면 하는 학교 문제
2. 내가 좋아하는 운동	17. 내가 키워보고 싶은 반려동물
3. 내가 좋아하는 음식	18. 내가 가장 많이 쓰는 말
4. 내가 좋아하는 계절	19. 내가 부자가 된다면 하고 싶은 것
5. 내가 좋아하는 놀이나 게임	20. 내가 화가 날 때 하는 행동
6. 내가 좋아하는 장소	21. 내가 스트레스를 푸는 방법
7. 내가 기억에 남는 꿈	22. 내가 도와주고 싶은 사람과 돕고 싶은 일
8. 내가 갖고 싶은 물건	23. 일주일 중 내가 가장 행복한 시간
9. 내가 갖고 싶은 성격	24. 내게 고마운 사람
10. 내가 만나보고 싶은 사람	25. 내가 우리 반에 대해 자랑하고 싶은 점
11. 내가 기억하는 행복했던 추억	26. 내가 생각하는 담임선생님의 좋은 점
12. 내가 더 잘하고 싶은 것	27. 내가 생각하는 좋은 친구
13. 내가 부모님께 가장 듣고 싶은 말	28. 내 장래희망
14. 내가 친구들과 해보고 싶은 것	29. 내 올해 목표
15. 내가 생각하는 최고의 급식 메뉴	30. 내가 너에 대해 알게 되거나 느낀 점

만약 내가 ~라면

질문지로 짝과 대화를 나누는 놀이

1. 짝과 서로 마주 보고 앉습니다.

2. 학생들에게 '만약 내가 ~라면' 형태의 질문지를 나눠줍니다.

3. 질문 순서대로 돌아가면서 대답합니다.

4. 이런 식으로 정해진 시간 동안 대화를 나눕니다.

tip 하나: 중간에 남은 시간을 알려주세요.

tip 둘: 두 명 이상이 모둠을 이루어서도 할 수 있어요.

질문지

1. 만약 무인도에 세 명을 데려갈 수 있다면 누구를 데려가겠어요?

2. 만약 무인도에 세 가지 물건을 가져갈 수 있다면 무엇을 가져가겠어요?

3. 만약 동물이 된다면 무엇이 되고 싶나요? 그 이유는?

4. 만약 집에 불이 난다면 무엇을 갖고 나오겠어요?

5. 만약 딱 한 번 말하는 대로 이루어지는 지팡이가 생긴다면?

6. 만약 모든 기억이 사라지고 딱 한 가지 기억만 간직할 수 있다면?

7. 만약 아침에 일어날 때 내 방이 원하는 대로 바뀐다면 어떤 모습일까요?

8. 만약 내게 마음대로 날아다닐 수 있는 날개가 생긴다면?

9. 만약 역사 속 인물을 만날 수 있다면 누구를 만나보고 싶나요?

10. 만약 공부, 요리, 운동, 악기 등 내가 원하는 분야에 최고의 능력을 주는
    알약을 구할 수 있다면?

3 나에 대해 말해줄게

1. 짝과 마주 보고 앉습니다.

2. 선생님은 한 사람에 한 장씩 활동지를 나눠줍니다.

3. 질문 순서에 따라 번갈아 가며 대답하는 방식으로 이야기를 나눕니다.

4. 빈 칸에 자기 이야기를 넣어 대답하면 됩니다.

5. 이런 식으로 정해진 시간 동안 이야기를 나눕니다.

tip 하나: 중간중간 남은 시간을 알려주세요.

tip 둘: 마치고 나서 짝과 대화를 나눈 느낌이나 서로에 대해 발견한 점을 들어보세요.

나에 대해 말해줄게

1. 이름은 _____

2. 태어난 생년월일은 _____

3. 우리 가족은 _____

4. 가족과 관련한 기억에 남는 추억은 _____

5. 내가 생각하는 좋은 친구는 _____

6. 내가 생각하는 좋은 선생님은 _____

7. 내게 10점 만점에 점수를 준다면 _____ 그 이유는 _____

8. 내가 닮고 싶은 사람과 닮고 싶은 점은 _____

9. 앞으로 내가 잘하고 싶은 것은 _____

10. 내가 방과 후에 주로 하는 것은 _____

11. 내가 주말에 주로 하는 것은 _____

12. 내가 힘이 된다면 꼭 도와주고 싶은 사람은 _____

13. 그 사람을 위해 하고 싶은 일은 _____

14. 학교에서 사라졌으면 하는 문제는 _____

15. 내가 가장 좋아하는 말은 _____

16. 나의 가장 친한 친구는 _____

　　　그 친구에 대해 소개한다면 _____

17. 내가 한 번쯤 갖고 싶은 직업은 _____

18. 꼭 배워보고 싶은 것은 _____이고,

　　　배워서 해보고 싶은 것은 _____ 야.

19. 내가 돈보다 중요하게 생각하는 것은 _____ 그 이유는 _____

20. 나는 _____ 사람이 되고 싶어.

우리는 통하는 사이 (1)

짝과 이야기를 통해 공통점을 찾는 놀이

1. 시작과 함께 돌아다니면서 두 사람씩 만납니다.

2. 짝과 자유롭게 이야기를 나누면서 빨리 공통점 2개를 찾습니다.

3. 찾고 나면 같은 방식으로 다른 사람을 만나 공통점을 찾습니다.

4. 5분 뒤에 얼마나 많은 친구를 만났는지, 누구와 어떤 공통점이 있었는지 알아봅니다.

tip 하나: 공통점의 다양한 예시(신체적 특징, 좋아하는 과목, 못 먹는 음식, 태어난 계절, 키우는 반려동물, 성격, 잠자기 전 하는 것, 동생 여부 등)를 들어주세요.

tip 둘: '사람이다', '눈이 두 개다'와 같은 보편적인 사실은 제외하고 서로에 대해 알아갈 수 있는 내용으로 찾아보게 해주세요.

우리는 통하는 사이 (2)

짝과 이야기를 통해 공통점을 찾는 놀이

1. 둘씩 짝을 이루어 마주 보고 앉습니다.

2. 1분 정도 자유롭게 이야기를 주고받으며 짝과 최대한 많은 공통점을 찾습니다.

3. 서로 얼마나 많은 공통점을 찾았는지 알아봅니다.

4. 몇몇 짝에 대해서는 어떤 공통점을 찾았는지도 들어봅니다.

tip 하나: 공통점을 다 찾은 뒤에 종이에 적어서 게시판에 붙이면 짝 이외에 다른
　　　　친구들을 알아갈 수도 있어요.

tip 둘: 2명이 대화를 마친 뒤 4명이 만나서 하면 이야깃거리가 더 풍부해질 거예요.

tip 셋: 우리 반의 공통점도 함께 찾아보세요.

오늘 어때?

오늘의 기분을 나누는 놀이

1. 각자 오늘의 기분을 5점 기준으로 몇 점인지 생각해봅니다.

2. 짝과 마주 보고 점수와 그 이유를 나눕니다.

tip 하나: 가볍게 집단이나 수업, 하루를 열 때 적절한 활동이에요.

tip 둘: 어떤 프로그램을 열 때 한다면 오늘의 기분과 함께 활동에 대한 기대도 짧게
　　　　나눠볼 수 있어요.

tip 셋: 인원이 10명 내외라면 한 사람씩 이야기를 들어봐도 좋아요.

tip 넷: 추가로 어떻게 1점을 더 높일 수 있는지에 대해서도 이야기를 나눠볼 수 있어요.

7 세 가지 질문

세 가지 질문으로 짝과 대화를 나누는 놀이

1. 먼저 둘씩 짝을 이루고 선생님이 제시한 '곁들여서 할 수 있는 놀이'(1장 참고) 를 합니다.

2. 이어서 선생님은 칠판에 세 가지 질문을 적고 학생들은 이 질문으로 짝과 이야기를 나눕니다.

3. 이야기를 마치면 같은 방식으로 다른 짝과 만나서 둘이서 하는 놀이를 한 뒤에 이야기를 나눕니다.

4. 일정 시간 동안 해봅니다.

tip 하나: 칠판에 질문을 적어주세요.

tip 둘: '곁들여서 할 수 있는 놀이'로 어울리는 놀이는 '동작 텔레파시'(1-2)나 '텔레파시 손뼉치기'(1-10)가 있어요.

tip 셋: 때에 따라 서로 알아갈 수 있는 질문을 달리해서 해보세요.

텔레파시 빙고

짝과 2개 제시어 중 하나를 고르는 식으로
빙고를 만드는 놀이

1. 둘씩 짝을 이루고, 짝별로 활동지와 펜을 하나씩 나눠줍니다.

2. 짝과 순서대로 동시에 "하나, 둘, 셋!"을 외친 다음 제시어 2개 중에 더 낫거나
   좋아하는 것을 하나 골라서 대답합니다.
   예컨대 제시어는 '순한 맛 라면' vs '매운 맛 라면' 식입니다.

3. 같은 것을 말하면 O, 다른 것을 말하면 X로 표시하고, 한 사람씩 왜 그 제시어를
   선택했는지 짧게 이유를 나눕니다.

4. 이런 식으로 9가지를 다 해본 다음 가로, 세로, 또는 대각선으로 몇 개의 빙고가
   완성됐는지도 알아봅니다.

tip: 제시어를 바꿔서도 할 수 있어요.

학교에 게임방 vs 학교에 수영장	아이돌 선생님 vs 날마다 최고급 급식	돈 많은 친구 vs 재밌는 친구
눈 3개 vs 다리 3개	평생 여름 vs 평생 겨울	1년에 속옷 한 개만 입기 vs 1년에 겉옷 한 벌만 입기
날아다니는 능력 vs 사라지는 능력	폭력 없는 학급 vs 숙제 없는 학급	속옷으로 똥 닦기 vs 변기 물로 똥 닦기

9 30초 대화

최대한 30초에 맞춰서
질문에 대한 답을 하는 놀이

1. 짝과 마주 보고 앉습니다.

2. 선생님이 질문을 제시하면 한 사람은 말하고 한 사람은 귀 기울여 듣습니다.

3. 선생님이 "시작"을 외치면 말하는 사람은 어떻게든 30초가 됐다고 짐작이 될 때까지 말합니다.

4. 선생님은 30초가 되면 "그만"이라고 말하거나 종을 쳐서 알려줍니다.

5. 같은 방식으로 역할을 바꿔서 해봅니다.

tip 하나: 한두 개의 질문을 주고 이야기를 나눠보도록 해요.

tip 둘: 서로 알아가기도 하고, 주어진 시간에 말하는 감각도 익혀볼 수 있어요.

tip 셋: '30초 대화'를 하기 전에 짝과 할 수 있는 간단한 놀이를 해도 좋아요.

30초 대화 질문

- 어제 있었던 일은?

- 오늘 할 일은?

- 라면을 맛있게 먹는 방법은?

- 쉬는 시간에 주로 하는 것은?

- 학교생활을 재밌게 하는 방법을 추천한다면?

- 놀이 할 때 재미없게 만드는 것은?

- 친구 관계를 깨뜨리는 것은?

- 친구와 친해지는 방법은?

- 진정한 우정이란?

- 우리 가족을 소개한다면?

- 평소 자주 쓰는 물건 세 가지는? 그 물건에 대해 소개한다면?

- 내가 자주 쓰는 물건이 되어 나를 소개한다면?

10 미완성 문장 대화

빈칸에 자기 생각을 넣어 대화를 나누는 놀이

1. 두 사람씩 짝을 이루어 마주 보고 앉습니다.

2. 짝과 홀수와 짝수를 정합니다.

3. 1번은 홀수가 먼저 대답하고 짝수가 같은 번호에 대해 이어서 대답합니다.
   반대로 2번은 짝수가 먼저 대답하는 방식입니다.

4. 이때 여분의 종이로 대화를 나누는 질문 아래의 내용을 가리면서 합니다.

5. 이런 식으로 순서대로 빈칸에 자기 생각과 감정을 넣어서 이야기를 나눕니다.

6. 정해진 시간 동안 진행합니다.

tip 하나: 마지막 번호까지 꼭 다 해야 한다는 부담이 들지 않게 해주세요. 짝별로 그 속도에
맞게 할 수 있는 만큼만 하면 돼요.

tip 둘: 다 같이 대화의 약속을 공유하고 활동에 들어가요.

tip 셋: 활동이 시작되면 일정한 공간 안에서 두 사람이 원하는 장소(단, 안전한 곳)로
자유롭게 이동하여 이야기를 나누도록 할 수 있어요.

tip 넷: 처음 만난 사이인지, 서로 잘 알고 있는 사이인지에 따라 미완성 문장의 내용을 달리
구성해보세요.

사이를 잇는 대화

'사이를 잇는 대화' 놀이는 즐겁고 편안하게 이야기를 나누면서
서로 알아가고 친밀해지는 대화 활동입니다.
대화 항목들은 빈칸에 자신의 감정과 생각을 넣어
이야기를 나누는 형식으로 이루어져 있습니다.

[대화의 약속]
1. 순서대로 각 질문에 한 번씩 교대로 대답합니다.
2. 진심으로 말하고 짝의 이야기에 귀를 기울여 들어줍니다.
3. 짝의 이야기를 중간에 끊지 않고 끝까지 들어줍니다.
4. 짝의 이야기를 있는 그대로 들어줍니다.
5. 비밀이 필요한 이야기는 서로 지켜줍니다.

1	내 이름은 _____
2	나는 부모님 중에 _____를 더 닮았고, _____ 점을 닮았어.
3	나는 밤에 잠자리에 들기 전에 주로 _____
4	내가 못 먹는 음식은 _____
5	내가 가장 좋아하는 과목은_____ 가장 싫어하는 과목은 _____
6	내 방에 있는 물건 중 아끼는 것은 _____
7	내가 요즘 푹 빠져서 하는 것은 _____
8	나는 _____ 때 행복을 느껴.
9	내가 꼭 배워보고 싶은 것은 _____
10	내가 잘하고 싶은 것은 _____
11	나는 화가 날 때 _____
12	나는 집에 가면 주로 _____

13	나는 스트레스가 쌓일 때 _____
14	내가 가장 싫어하는 말은 _____
15	내가 핸드폰이나 유튜브로 주로 보는 것은 _____
16	내가 학교에서 친구들과 해보고 싶은 활동은 _____
17	내가 만약 무엇이든지 될 수 있다면 _____
18	나는 우리 반/모임이 _____ 했으면 좋겠어.
19	내가 학교에서 친구들과 꼭 해보고 싶은 활동은 _____
20	내가 생각하는 좋은 친구는 _____
21	나는 친구 관계에서 가장 중요한 것은 _____ 라고 생각해.
22	내가 이것만큼은 절대 하지 말아야지 생각하는 것은 _____
23	더 나은 내가 되기 위해 노력하고 싶은 점은 _____
24	내가 오늘 너에 대해 새롭게 알게 된 점은 _____
함께해줘서 고마워

11 40문 40답

각 문항에 대답하면서
서로 알아가는 문답 대화 놀이

1. 두 사람씩 짝을 이루어 마주 보고 앉습니다.

2. 같은 문항을 교대로 대답하는 방식으로 순서대로 이야기를 주고받습니다.

3. 이런 식으로 마지막 번호까지 해봅니다.

tip 하나: 저학년은 20문 20답 식으로 문답 수를 줄여서 해보세요.

tip 둘: 대화를 마친 뒤 다 같이 활동에 대한 느낌과 생각을 나누는 시간을 가져보세요.

tip 셋: 서로 알아갈 수 있는 가벼운 질문이 적절해요.

tip 넷: 일찍 마친 사람끼리 짝을 바꾸어서도 해보세요.

40문 40답

01. 이름 :

02. 생년월일 :

03. 혈액형 :

04. 별명 :

05. 나의 성격은 한마디로 :

06. 좋아하는 음식 :

07. 싫어하는 음식 :

08. 취미 :

09. 좋아하는 계절 :

10. 좋아하는 가수나 노래 :

11. 콤플렉스 :

12. 무인도에 가져가고 싶은 세 가지 :

13. 자신에게 점수를 매긴다면(100점 만점) :

14. 자신이 멋지다고(예쁘다고) 생각하는 부분 :

15. 1억이 생긴다면 :

16. 내가 제일 좋아하는 놀이 :

17. 가장 기억에 남는 선물 :

18. 부모님과의 관계 점수(100점 만점) :

19. 학교가 바뀌었으면 하는 것 :

20. 담임선생님에게 하고 싶은 말 :

40문 40답

21. 가장 최근에 꾼 꿈은 :

22. 최근에 웃긴 기억은 :

23. 존경하는 사람은 :

24. 내가 해본 최대의 거짓말은 :

25. 가장 기억에 남는 여행 :

26. 지금 당장 갖고 싶은 것 :

27. 부모님에게 가장 많이 듣는 말 :

28. 부모님에게 듣고 싶은 말 :

29. 부모님에게 꼭 해주고 싶은 말 :

30. 살고 싶은 집 :

31. 보물 1호 :

32. 제일 친한 친구와 그 이유 :

33. 일주일 중 가장 행복한 시간 :

34. 나는 어떤 친구가 되고 싶은지 :

35. 한 번쯤 꼭 해보고 싶은 것 :

36. 투명망토를 쓴다면 :

37. 나만의 비밀 장소 :

38. 내가 버리고 싶은 것 :

39. 가장 갖고 싶은 초능력 :

40. 장래희망 :

학교에서 나의 모든 것

학교와 관련된 질문으로 대화를 나누는 놀이

1. 둘씩 짝을 이루어 앉습니다.

2. 질문 순서대로 진행하며 두 사람이 각 질문에 모두 대답합니다.

3. 이런 식으로 정해진 시간 동안 마지막 번호까지 이야기를 나눕니다.

tip 하나: 짝과 원하는 장소로 이동하여 편하게 이야기를 나눠보도록 해요.

tip 둘: 활동을 마치면 어떤 질문에 대해서는 몇몇 학생의 이야기를 들어보세요.

tip 셋: 다 마친 학생들은 짝과 자유롭게 이야기를 나누면서 기다리거나 다른 친구와
짝을 바꿔서도 해보세요.

학교에서 나의 모든 것

1. 급식에서 가장 좋아하는 메뉴는?

2. 가장 좋아하는 과목은?

3. 가장 싫어하는 과목은?

4. 학교에 생겼으면 하는 시설은?

5. 학교에서 내가 가장 좋아하는 공간은?

6. 학교에서 가장 재밌던 때는?

7. 내가 생각하는 우리 반은?

8. 우리 반이 더 나은 반이 되기 위해 필요한 것은?

9. 새롭게 생겼으면 하는 방과 후 수업은?

10. 체험학습으로 꼭 가고 싶거나 해보고 싶은 것은?

11. 선생님께 듣고 싶은 말은?

12. 요즘 학교생활 만족도를 점수로 준다면? 그 이유는?

13. 학교에서 쌓인 스트레스를 푸는 방법은?

14. 학교생활에서 고민은? 주로 고민을 털어놓는 사람은?

15. 내게 긍정적인 영향을 준 사람은?

16. 닮고 싶은 친구와 닮고 싶은 점은?

17. 내가 생각하는 학교 폭력 예방 방법은?

18. 내가 좋아하는 친구는?

19. 내가 되고 싶은 친구는?

20. 학교를 더 재밌고 행복하게 만드는 방법은?

만족도 대화

만족도로 서로 알아가는 놀이

1. 둘씩 짝을 이루어서 마주 보고 앉습니다.

2. 질문 순서대로 한 명씩 각 영역에 대한 만족도와 그 이유가 무엇인지 나눕니다.

3. 이런 식으로 마지막 번호까지 이야기를 나누며 서로 알아갑니다.

tip 하나: 다양한 영역으로 활동지를 제작해보세요.

tip 둘: 만족도만 표시하고 '그 이유'는 대화로만 나눠도 돼요.

준비물: 활동 양식지, 펜

활동지			
	영역	만족도	그 이유
1	급식	1 2 3 4 5	
2	요즘 기분	1 2 3 4 5	
3	학교생활	1 2 3 4 5	
4	친구 관계	1 2 3 4 5	
5	수면	1 2 3 4 5	
6	외모	1 2 3 4 5	
7	식욕	1 2 3 4 5	
8	부모님과의 관계	1 2 3 4 5	
9	공부	1 2 3 4 5	
10	선생님과의 거리	1 2 3 4 5	
11	자신감	1 2 3 4 5	
12	행복	1 2 3 4 5	

14 어떤 질문일까?

다른 사람의 답을 듣고
어떤 질문인지 알아맞히는 놀이

1. 둘씩 짝을 이루어 마주 보고 앉습니다.

2. 한 사람은 탐정이 되어 고개를 숙이고, 한 사람은 술래가 되어 선생님이 제시한 질문을 확인합니다.

3. 탐정이 고개를 들면 술래는 질문에 대한 자신의 이야기를 30초 정도 들려줍니다.

4. 예컨대 질문이 '가장 기억에 남는 여행은?'이라면 술래는 "제주도는 말이야. 생각만 해도 행복해. 여름에 가족이랑 갔었거든? 바닷가에서 물놀이도 하고, 한라산 정상에도 다녀왔어. 강력 추천이야! … 중략 … " 식으로 대답합니다.

5. 탐정은 듣고서 어떤 질문에 대한 대답인지 알아맞힙니다.

6. 일정 시간이 지나면 선생님은 정답을 공개하고 역할을 바꿔서도 해봅니다.

tip 하나: 처음에는 '내가 좋아하는 음식은?'과 같은 아주 쉬운 질문부터 시작해주세요.

tip 둘: 중간에 한두 번쯤은 힌트를 줄 수 있도록 해요.

tip 셋: 서너 명이 한 모둠이 되어서 할 수도 있어요.

15 예, 아니오

1. 각자 활동지에 문항별로 해당하는 것에 표시합니다.

2. 이때 짝이 못 보도록 활동지를 가립니다.

3. 마치면 짝과 하나씩 확인해 가면서 서로 이야기를 나눕니다.

4. 서로 공통점과 다른 점이 무엇인지 알아봅니다.

tip: 만약 '치킨을 좋아한다'에 '그렇다'고 표시했다면 구체적으로 어떤 브랜드,
    어떤 맛을 좋아하는지도 물어보면서 더 깊이 알아가도록 해요.

	내용	예	아니오
1	매운 음식을 잘 먹는다		
2	노래 부르기를 좋아한다		
3	춤추는 것을 좋아한다		
4	치킨을 좋아한다		
5	잠이 많다		
6	무서운 이야기를 들으면 잠이 잘 안 온다		
7	밖에서 노는 걸 좋아한다		
8	독서를 좋아한다		
9	몸이 유연하다		
10	슬픈 영화를 보면 잘 운다		

더 알게 된 사실

텔레파시 수다

제시어와 질문으로 서로 알아가는 놀이

1. 짝과 활동지를 가운데 두고 나란히 앉습니다.

2. 1번부터 텔레파시 칸에 있는 제시어를 가지고 동시에 "하나, 둘, 셋!"을 외친 다음에 각자 더 좋아하는 것을 외칩니다.

3. 이때 한 사람은 ○, 다른 한 사람은 △ 표시를 합니다.

4. 이어서 1번 질문으로 짧게 이야기를 나눕니다.

5. 이런 식으로 마지막 번호까지 진행합니다.

6. 서로 공통점과 다른 점이 무엇이 있는지, 얼마나 텔레파시가 통했는지도 알아봅니다.

tip 하나: 다 마치면 몇 가지 제시어로 손을 들어서 다 같이 알아보며 이야기를 나누는 시간을 가져보세요.

tip 둘: 한두 가지 질문을 선택해 몇몇 사람에게 물어보고 생각을 들어보는 시간을 가져볼 수도 있어요.

		활동지	
	텔레파시		질문
1	토마토 맛 토 vs 토 맛 토마토		어떤 과일을 좋아해?
2	치킨 vs 피자		어떤 치킨 맛 좋아해?
3	모기 100마리 vs 바퀴벌레 100마리		무서워하는 벌레가 뭐야?
4	여름 방학 2달 vs 겨울 방학 2달		이번 방학에 뭐하고 싶어?
5	기차 여행 vs 비행기 여행		올해 어디 여행 갔었어? 잠시 소개해줘
6	노래 부르기 vs 그림 그리기		좋아하는 가수나 노래가 뭐야?
7	놀이동산 vs 워터파크		어떤 놀이기구 타봤어?
8	계곡 vs 바다		추천해주고 싶은 여행지는?
9	자장면 vs 짬뽕		못 먹거나 싫어하는 음식은?
10	코미디 vs 액션		좋아하는 TV, 영화 장르는 뭐야?
11	하얀색 vs 파란색		어떤 색깔 좋아해? 어떤 느낌이 들어?
12	국어 vs 영어		공부 과목 중 하나 없앨 수 있다면?
13	전화 vs 카톡		친구랑 전화가 편해, 카톡이 편해?
14	순간 이동 vs 투명인간		하루 동안 투명인간이 된다면?
15	외모 vs 성격		친구 관계에서 중요한 게 뭐라고 생각해?
16	나랑 잘 맞는 친구 vs 인기 많은 친구		어떤 친구가 되고 싶어?
17	자전거 vs 달리기		밖에서 or 집에서 노는 거 좋아해?
18	대머리 vs 장발		6학년 앞두고 가장 걱정되는 것은?
19	운동회 vs 체험학습		올해 우리 반 추억이 뭐가 있어?
20	잘 가르치는 선생님 vs 재밌는 선생님		우리 반 선생님의 장점은?

칭찬의 말로 즐기는 빙고 대화 놀이

1. 둘씩 짝을 이루어 앉고 '칭찬의 말' 목록을 나눠줍니다.

2. 짝과 의논하여 칭찬 목록을 보고 5X5 빙고 칸을 채웁니다.

3. 다 작성하면 선생님은 한 단어씩 불러줍니다.

4. 만약 불러준 단어가 있으면 표시를 해 나갑니다.

5. 이런 식으로 가로, 세로, 대각선으로 세 줄 빙고가 나오면 "빙고!"를 외칩니다.

6. 다섯 명 정도 빙고가 나오면 짝과 마주 보고 앉아서 짝에게 어울리는 '칭찬의 말' 3개를 골라 서로에게 그 이유와 함께 들려줍니다.

tip 하나: 다 같이 볼 수 있도록 '칭찬의 말' 목록을 화면으로 보여줄 수 있어요.

tip 둘: 짝과 함께하면 협동 놀이가 되지요.

tip 셋: 칭찬의 말 대신에 힘과 위로가 되는 말, 듣기 싫은 말 등으로 바꿔서 할 수도 있어요.

운동을 잘한다	잘 양보한다	새로운 아이디어를 잘 낸다	공감을 잘한다	인내심이 뛰어나다
성격이 활달하다	긍정적으로 말하고 행동한다	귀 기울여 듣는다	몸이 유연하다	부지런하다
쉽게 포기하지 않는다	함께 있으면 즐겁다	다른 사람을 존중한다	인사를 잘한다	마음이 따뜻하다
리더십이 있다	잘 위로해준다	닮고 싶은 점이 많다	편안하다	작은 일에도 감사할 줄 안다
친절하다	정직하다	이해력이 빠르다	누구와도 잘 어울린다	말을 잘한다
최선을 다한다	예의 바르다	적극적이다	자신감이 넘친다	불평하지 않는다
규칙을 잘 지킨다	잘 싸우지 않는다	잘 웃는다	겸손하다	유머러스하다

18 어떤 것을 더 좋아할까?

3개의 제시어 중 무엇을 더 좋아하는지
이야기를 나누는 놀이

1. 각자 문항별로 자신이 더 좋아하는 것에 표시합니다.

2. 짝이 못 보게 가리고, 1분 안에 모든 문항에 표시합니다.

3. 이어서 둘씩 짝을 이루어 이야기를 나누면서 서로 취향이 어떤지 알아봅니다.

tip 하나: 오래 고민하지 않고 마음이 가는 대로 바로바로 표시해보도록 해요.

tip 둘: 짝의 취향도 알고, 공통점과 다른 점은 무엇인지도 자연스럽게 알게 되지요.

tip 셋: 시간 여유가 있다면 짝을 바꿔서도 해보세요.

나와 너의 취향 알아보기: 어떤 것을 더 좋아할까?

교실 — 급식실 — 도서관

국어 — 미술 — 체육

수박 — 딸기 — 포도

TV — 유튜브 — SNS

자전거 — 인라인스케이트 — 킥보드

기차 여행 — 비행기 여행 — 자전거 여행

한식 — 중식 — 양식

바다 — 산 — 계곡

돈 많은 친구 — 잘 생긴/예쁜 친구 — 성격 좋은 친구

초코 아이스크림 — 바닐라 아이스크림 — 딸기 아이스크림

내가 해본 경험

내가 겪었던 경험으로
짝과 이야기를 나누는 놀이

1. 둘씩 짝을 이루어 마주 보고 앉습니다.

2. 목록을 보고 각자 자신이 해본 경험에 모두 표시합니다.

3. 짝의 경험 중 궁금한 세 가지를 물어보고 구체적인 사연을 들어봅니다.

4. 또는 한 번에 하나씩 떠오르는 대로 경험을 나누어도 좋습니다.

tip 하나: 직접 자신이 해봤던 경험을 쓸 수 있어요.

tip 둘: 짝을 바꿔서도 해볼 수 있어요.

tip 셋: 서너 명이 만나서 하면 이야기가 더 풍성해지기도 해요.

거짓말	우산 잃어버리기	국내외 여행
팬클럽 가입	꼴등	일기 몰아서 쓰기
연애	다이어트	요리
혼자 집 지키기	수업 시간에 딴짓하기	봉사
캠핑	연예인과 만남	유튜브 제작
부모님께 선물하기	저축	염색
수술	코로나19 감염	부모님께 크게 혼난 경험
전학	싸움	교통사고
시합이나 대회	밤늦게까지 게임	물고기 잡기
TV 출연	등산	용돈 벌기
일등	반려동물 키우기	무서운 꿈

잡아! (1)

서로 이야기를 나누다가
'잡아'라는 말에 먼저 물건을 잡는 놀이

1. 짝과 마주 보고 앉고 그 중간에 잡을 수 있는 작은 물건을 놓습니다.

2. 선생님이 2개의 제시어를 줍니다.

3. 짝과 "하나, 둘, 셋"을 말하고 동시에 자신이 더 좋아하는 것을 외칩니다.

4. 이어서 각자 더 좋아하는 이유를 들려줍니다.

5. 중간에 선생님이 "잡아!"라는 말에 재빨리 먼저 물건을 잡습니다.

6. 이런 식으로 제시어를 달리하여 여러 번 해봅니다.

tip 하나: 동시에 잡으면 비긴 것으로 해요.

tip 둘: 물건을 잡을 때 짝이 다치지 않도록 주의해요.

tip 셋: 제시어 외에 추가로 질문을 주어 이야기를 좀 더 풍성하게 나눌 수 있도록 할 수 있어요. 예컨대 제시어가 '소나기 vs 함박눈'이라고 할 때 추가로 "눈이 많이 왔을 때 해봤던 놀이는?" 식으로 이야깃거리를 줄 수 있어요.

제시어 예시

1. 소나기 vs 함박눈

2. 양념 치킨 vs 후라이드 치킨

3. 아파트 vs 주택

4. 도시 vs 시골

5. 눈썰매 vs 워터 슬라이드

6. 점심 시간 vs 체육 시간

7. 최고급 급식 vs 아이돌 선생님

8. 딸기 우유 vs 초코 우유

9. 햄버거 vs 피자

10. 반숙 vs 완숙

잡아! (2)

질문으로 대화를 나누다가
"잡아!"라는 말에 먼저 물건을 잡는 놀이

1. 짝과 마주 보고 앉은 다음 그 중간에 작은 물건을 놓습니다.

2. 선생님이 제시한 질문으로 짝과 이야기를 나눕니다.

3. 그러다가 선생님의 "잡아!"라는 말에 먼저 물건을 잡습니다.

4. 다시 물건을 놓고 이야기를 이어갑니다.

5. 이런 식으로 여러 번 해봅니다.

준비물: 작은 물건(지우개, 펜 등)

tip: 가볍게 나눌 수 있는 질문이 적절해요.

22 **당겨!**

이야기를 나누다가 "당겨"라는 말에
자기 쪽으로 먼저 종이를 당기는 놀이

1. 두 손을 맞잡고 검지 손가락만 뻗어 손가락 집게를 만듭니다.

2. 각자 종이의 반대편 끝을 손가락 집게로 잡습니다.

3. 선생님이 제시한 질문에 서로 이야기를 나누다가 갑자기 "당겨"라는 말에 자기
   쪽으로 종이를 먼저 당깁니다.

4. 이런 식으로 몇 개의 질문으로 서로 이야기를 나눕니다.

준비물: 종이 또는 명찰

tip: 짝을 바꿔서도 해볼 수 있어요.

나의 머릿속 탐구

요즘 무엇에 관심이 있는지
서로 알아가는 놀이

1. 각자 잠시 눈을 감고 요즘 관심 있는 게 무엇인지, 나의 머릿속을 채우고 있는
   게 무엇인지 떠올려보고 빈칸을 채웁니다.

2. 짝과 다 쓴 내용으로 도란도란 이야기를 나눕니다.

tip 하나: 몇 가지 예시를 들어주면 이해를 도울 수 있어요.

tip 둘: 서너 명이 모둠을 이루어 나눌 수 있어요.

같은 놀이 다르게

1. 서너 명씩 한 모둠을 이루게 한 뒤에 이름이 적힌 부분을 접어서 안 보이게 하고
   하나로 모읍니다.

2. 다른 모둠과 만나서 서로 그림을 바꿔서 모둠별로 각 그림의 주인이 누구인지
   의논하여 알아맞혀봅니다.

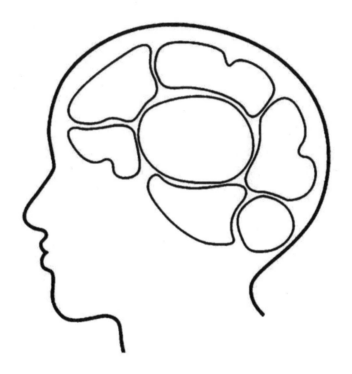

24 더 중요한 걸 골라봐

두 가지 제시어 중 더 중요한 것
하나를 고르고 그 이유를 나누는 놀이

1. 둘씩 짝을 이루어 마주 보고 앉고, 둘 사이에 작은 물건 3개를 나란히 둡니다.

2. 선생님이 2개의 제시어를 주면 짝끼리 "하나, 둘, 셋!"을 외치고 둘 중에 더 중요하게 여기는 단어 하나를 동시에 외칩니다.

3. 이어서 한 사람씩 더 중요하게 생각하는 단어와 이유를 말합니다. 자유롭게 제시어와 관련해 떠오르는 이야기를 해도 좋습니다.

4. 짝끼리 이야기를 나누는 중에 선생님이 갑자기 3개의 물건 중 하나를 외치면 먼저 해당 물건을 잡습니다.

5. 이런 식으로 다른 제시어로도 해봅니다.

tip 하나: 부드럽고 잡기 쉬운 물건이 적절해요.

tip 둘: 같은 것을 외치면 서로 통했다는 의미로 서로 손뼉을 마주치도록 해요.

제시어 예시
1. 외모 vs 성격
2. 돈 vs 친구
3. 환경 보호 vs 도시 개발
4. 핸드폰 vs 노트북
5. 건강 vs 꿈
6. 정직 vs 능력
7. 혼자만의 시간 vs 친구와 놀이
8. 세계 여행 vs 좋은 직업
9. 부모님의 칭찬 vs 친구들의 인정
10. 운동 잘하는 능력 vs 공부 잘하는 머리

25 생각 텔레파시 (1)

선생님이 제시한 단어와
같은 단어를 쓴 만큼 점수를 얻는 놀이

1. 선생님이 제시어를 주면 짝과 의논하여 그에 해당하는 단어 3개를 씁니다.

2. 예컨대 첫 번째 제시어가 '한 글자로 된 과일'이라고 하면 '귤', '감', '배'라고 쓰는 식입니다.

3. 이런 식으로 다섯 가지 제시어를 주면 짝과 의논하여 제시어별로 3개의 단어를 씁니다.

4. 짝과 제시어별로 쓴 3개의 단어 중 가장 마음에 드는 것을 하나씩 표시합니다.

5. 마치면 선생님은 제시어별로 임의로 3개의 단어를 말합니다.

6. 선생님이 말한 단어를 적었다면 표시를 합니다.

7. 이런 식으로 마지막 제시어까지 한 뒤에 점수를 확인해봅니다.

8. 선생님이 제시한 단어 중 가장 마음에 드는 단어라고 표시한 단어가 있다면 2점, 그 외에는 1점으로 계산합니다.

tip 하나: 제시어는 한 글자로 된 과일, 교과목, 겨울 스포츠, 반찬 등 다양하게 해볼 수 있어요.

tip 둘: 서로 좋아하는 것이 무엇인지 짧게 이야기를 나눠보도록 해요.

	제시어	단어
1	한 글자로 된 과일	귤 / 감 / 배
2	털 달린 동물	원숭이 / 독수리 / 곰
3	공으로 할 수 있는 스포츠	야구 / 탁구 / 볼링
4	어린이들이 좋아하는 반찬	계란말이 / 감자볶음 / 김치
5	좋아하는 교과목	국어 / 음악 / 체육

생각 텔레파시 (2)

제시어를 듣고 짝과 얼마나 많이
같은 단어를 말하는지 알아보는 놀이

1. 선생님이 '가장 재밌는 여름 놀이'와 같이 제시어를 주면 그에 해당하는 단어를
   잠시 생각합니다.

2. 짝과 "하나, 둘, 셋!"을 외치고 동시에 떠오르는 단어를 말합니다.

3. 같은 단어를 말하면 1점을 얻습니다.

4. 이런 식으로 다섯 번 중 얼마나 많이 생각이 통했는지 알아봅니다.

tip 하나: 우리 반에 성이 김 씨인 친구, 공으로 할 수 있는 두 글자 스포츠 등 다양하게
해볼 수 있어요.

tip 둘: 처음에는 누구나 쉽게 텔레파시가 통할 수 있는 것부터 불러보세요.

tip 셋: 구체적이고 좁은 범주의 제시어가 적절해요.

27 짝 인터뷰

짝의 얼굴을 그려주고 인터뷰 질문으로
이야기를 나누며 서로 알아가는 놀이

1. 짝과 마주 보고 앉아 1분 정도 서로의 얼굴을 그려줍니다.

2. 마친 뒤에 선생님이 질문을 제시하면 그 질문으로 서로 인터뷰를 합니다.

3. 들은 내용을 짝의 얼굴 옆에 씁니다.

4. 이런 식으로 세 가지 질문으로 인터뷰를 한 뒤에 짝에 대한 개인적인 느낌과
   생각을 한 줄로 짧게 쓰고 짝꿍에게 건네줍니다.

준비물: 종이, 펜

tip 하나: 인터뷰 질문은 아끼는 물건, 친구들과 꼭 해보고 싶은 것, 스스로 생각하기에 자신
         있는 신체 부위 등 다양하게 할 수 있어요.

tip 둘: 짝의 얼굴을 그려주기 전에 미리 "놀이는 놀이일 뿐, 상처받지 말자!"라고 들려주면
       좀 더 웃으면서 편안하게 즐길 수 있어요.

내 생각에는

질문을 듣고 짝에 대해 알아맞히며
서로 알아가는 놀이

1. 짝과 마주 보고 앉습니다.

2. 선생님이 "짝의 혈액형은?" 식으로 질문을 주면 두 사람은 짝이 어떤 혈액형일지
   잠시 생각합니다.

3. 짝과 "하나, 둘, 셋"을 말하고 동시에 예상한 짝의 혈액형을 서로 외칩니다.

4. 실제 짝의 혈액형이 어떻게 되는지 이야기를 나눕니다.

5. 이런 식으로 열 문제 정도 해봅니다.

tip 하나: 질문은 즉각 대답할 수 있는 쉬운 질문이 바람직해요.

tip 둘: 정답을 맞힌 다음 질문과 관련하여 이야기를 더 나눌 수 있게 충분히 시간을 주세요.

tip 셋: 틀렸다면 그것은 틀렸다기보다 짝에 대해 새롭게 알게 된 것임을 일러주세요.

tip 넷: 말로만 할 수 있기에 글을 잘 모르는 저학년이나 친구와 하기에도 좋아요.

질문 예시

1. 혈액형

2. 태어난 계절

3. 좋아하는 색깔

4. 좋아하는 과목

5. 신발 사이즈

6. 오른쪽 눈 시력

7. 형제 관계

8. 일주일 용돈

9. 아끼는 물건

10. 좋아하는 급식 메뉴

친구야, 나를 맞혀봐

질문을 듣고 짝에 대해 알아맞히며
서로 알아가는 놀이

1. 짝과 마주 보고 앉고 한 사람에 하나씩 종이와 펜을 나눠줍니다.

2. 먼저 '짝 이름' 칸에 짝의 이름을 씁니다.

3. 선생님이 1번 질문을 주면 각자 1번 질문 칸에 질문을 씁니다. 예컨대 질문이 '짝이 좋아할 것 같은 음식은?'이라면 질문 칸에 '좋아하는 음식'이라고 쓰는 식입니다.

4. 이어서 짝의 얼굴을 잠시 보고 어떤 음식을 좋아할지 생각한 뒤에 '계란볶음밥' 식으로 예상한 것을 씁니다.

5. 이때 자신이 쓴 것을 짝이 볼 수 없게 가립니다.

6. 선생님은 이런 식으로 차례대로 10번까지 질문을 줍니다.

7. 다 작성한 뒤에는 짝과 1번부터 시작해 마지막 번호까지 교대로 서로 정답을 확인하며 이야기를 나눕니다.

8. 정답을 확인할 때, 한 명씩 "왠지 내가 생각할 때 너는 '계란볶음밥 좋아할 것 같아. 맞지?" 식으로 하면 더욱 재밌습니다.

9. 짝에 대해 알게 된 정답은 '사실' 칸에 적으면 됩니다.

tip 하나: '맞다, 틀리다'만 알아보기보다 각 질문에 대해 좀 더 구체적으로 알아보도록 해요.

tip 둘: 짝과 이야기를 마친 뒤에 두 쌍, 세 쌍씩 만나서 내 짝에 대해 알게 된 내용 서너 가지로 짝을 소개하는 활동으로 이어갈 수도 있어요.

친구야, 나를 맞혀봐!			
짝 이름			
번호	질문	예상	사실
1			
2			
3			
4			
5			
6			
7			
8			
9			
10			

30 웃음이 나는 인터뷰

앞만 보고 짝의 얼굴을 그린 뒤에
서로에 대해 인터뷰하는 놀이

1. 짝과 마주 보고 앉습니다.

2. 시작되면 서로 30초 동안 짝의 얼굴을 그리는데 아래 종이를 보지 않고 앞만
   보고 그립니다.

3. 다 그리면 잠시 작품을 감상하며 웃습니다.

4. 선생님이 인터뷰 질문을 주면 교대로 짝에게 질문을 하고 이야기를 듣습니다.

5. 짝에게 들은 내용을 작품 아래에 적습니다.

6. 이런 식으로 세 가지 질문으로 인터뷰를 실시합니다.

7. 마치면 두 쌍씩 만나 둥그렇게 앉아서 서로의 작품을 감상한 뒤에 한 사람씩
   30초 정도 짝을 소개합니다.

준비물: 종이, 펜

tip: 그려진 얼굴보다 실물이 훨씬 더 멋진 '세상에 하나뿐인 작품'임을 들려주세요. 놀이일 뿐
서로 상처받지 않고 함께 웃으면서 넘어가도록 즐겁고 편안한 분위기를 만들어주세요.

좋아하는 것, 싫어하는 것

서로 좋아하는 것과 싫어하는 것이
무엇인지 알아가는 놀이

1. 짝과 마주 보고 앉습니다.

2. 순서를 정하여 한 사람씩 1번부터 돌아가면서 질문에 대답하며 서로 좋아하는
   것과 싫어하는 것을 알아갑니다.

3. 짝에 대해 알게 된 내용을 해당란에 기록해봅니다.

4. 마지막 번호까지 해봅니다.

tip: 질문별로 서로에 대해 맞혀보는 식으로 할 수도 있어요.

좋아하는 것, 싫어하는 것

짝 이름: _____

번호	질문	좋아하는 것	싫어하는 것
1	날씨		
2	음식		
3	과목		
4	말		
5	동물		
6	성격		
7	여행지		
8	환경		
9	시간		
10	머리 스타일		

32 이상형 월드컵

어느 것을 더 좋아하는지
서로 알아맞혀 가면서 알아가는 놀이

1. 둘씩 짝을 짓고 각자 활동지에 짝의 이름을 적습니다.

2. 이상형 월드컵의 주제를 음식이라고 해봅시다.

3. 선생님은 학생들에게 음식 여덟 가지를 한 가지씩 불러주고 1번에서 8번
   칸까지 차례대로 쓰도록 합니다.

4. 먼저 1번과 2번 음식으로 짝이 둘 중 어느 것을 더 좋아하는지 동시에 외쳐서
   맞히도록 합니다.

5. 짝으로부터 정답을 확인한 뒤 9번에 짝이 둘 중 더 좋아하는 음식을 씁니다.

6. 이런 식으로 대진표를 따라서 진행합니다.

7. 서로 어느 음식을 가장 좋아하는지 알아봅니다.

8. 결승을 마친 뒤에는 선생님이 제시한 세 가지 질문으로 더 깊이 알아가는
   시간을 가집니다.

tip 하나: 월드컵 주제는 과일, 동물, 초능력, 운동, 성격, 가치관, 취미, 직업 등 다양하게
   정할 수 있어요.

tip 둘: 대진표에 나와 있지 않은 음식 외에 더 좋아하는 음식에 대해 이야기를 이어갈 수
   있어요.

tip 셋: 선생님은 다양한 음식 정보만 제공하고 학생들이 직접 대진표를 짜서 짝끼리
   해보도록 할 수 있어요.

(직업 월드컵) 결승 세 가지 질문 예시

- 무엇이든지 해볼 수 있다면 어떤 직업을 갖고 싶어?
- 그 직업을 통해 구체적으로 어떤 일을 해보고 싶어?
- 그 외에 또 가져보고 싶은 직업은 뭐야?
- 어떤 직업이 가장 보람될 것 같아?
- 부모님이 네게 추천하시는 직업은 뭐야?
- 내가 진짜 원하는 직업을 찾기 위해서는 무엇이 필요할까?
- 세상에서 가장 재밌는 직업은 뭘까? 왜 그렇게 생각해?

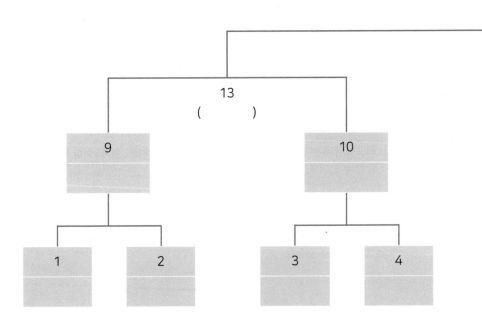

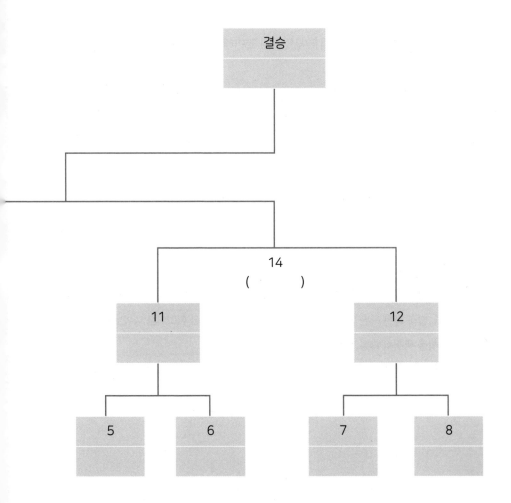

33 네, 아니요

'네, 아니요'로 대답할 수 있는 질문으로
서로 알아가는 놀이

1. 둘씩 짝을 이루고 활동지를 한 장씩 나눠줍니다.

2. 1번부터 한 명씩 교대로 "네" 또는 "아니요"로 자기에게 해당하는 답을 합니다.

3. 같은 방식으로 마지막 번호까지 이야기를 나눕니다.

4. 공통점은 무엇인지, 다른 점은 무엇인지 확인해봅니다.

tip 하나: 빨리 마친 짝은 몇몇 제시문에 대해 좀 더 구체적으로 이야기를 나눠보도록 해요.

tip 둘: 짝을 바꿔서 다른 사람과도 해볼 수 있어요.

활동지

1. 일 년 중에 가장 좋아하는 날은 내 생일이다.

2. 나는 운동선수가 되고 싶다는 생각을 해본 적이 있다.

3. 나는 외동이다.

4. 나는 귀신이 무섭지 않다.

5. 나는 빨리 어른이 되고 싶다.

6. 나는 마라탕 3단계를 먹을 수 있다.

7. 나는 휘파람을 불 수 있다.

8. 나는 보물지도를 발견하면 보물을 찾으러 떠날 것이다.

9. 나는 신이 있다고 믿는다.

10. 나는 타임머신을 타고 시간 여행을 해보고 싶다.

11. 나는 도시보다 시골이 좋다.

12. 나는 365일 가능하다면 라면을 먹고 싶다.

13. 나는 거미가 무섭다.

14. 나는 다리를 찢을 수 있다.

15. 나는 잠자기 전에 일기를 쓴다.

16. 나는 캠핑을 가본 적이 있다.

17. 나는 좋아하는 숫자가 있다.

18. 나는 학교가 좋다.

19. 나는 운동을 싫어한다.

활동지

20. 나는 공부 때문에 스트레스를 받는다.

21. 나는 초등학생 때 이사를 간 적이 있다.

22. 나는 양념 치킨보다 후라이드 치킨을 더 좋아한다.

23. 나는 독서를 좋아한다.

24. 나는 매주 용돈을 받아서 쓴다.

25. 나는 자주 안 쓰는 손으로 글씨를 쓸 수 있다.

26. 나는 산타 할아버지를 만난 적이 있다.

27. 나는 우리 학교 급식이 맛있다고 생각한다.

28. 나는 파란색을 좋아한다.

29. 나는 귀를 움직일 수 있다.

30. 나는 수영을 할 수 있다.

31. 나는 동물을 좋아한다.

32. 나는 자주 보는 유튜브 채널이 있다.

33. 나는 교회를 가본 적이 있다.

34. 나는 가지를 못 먹는다.

35. 나는 웃긴 이야기를 알고 있다.

34 있다, 없다

'있다' 또는 '없다'로 답하는 형식으로
서로 알아가는 놀이

1. 둘씩 짝을 이루고 짝별로 활동지를 한 장씩 나눠줍니다.

2. 1번부터 한 명씩 교대로 "있다" 또는 "없다"로 자기에게 해당하는 답을 합니다.

3. 각자에게 해당하는 답에 표시합니다.

4. 같은 방식으로 마지막 번호까지 이야기를 나눕니다.

5. 공통점과 다른 점을 확인해봅니다.

tip 하나: 문항수는 집단에 따라 적절하게 조절해보세요.

tip 둘: 서로 알아맞히는 방식으로 즐길 수도 있어요.

활동지

1. 나는 길을 가다가 넘어진 적이 있다, 없다

2. 나는 운동선수가 되고 싶다는 생각을 해본 적이 있다, 없다

3. 나는 일등을 해본 적이 있다, 없다

4. 나는 기차 여행을 해본 적이 있다, 없다

5. 나는 거짓말하다가 들킨 적이 있다, 없다

6. 나는 집 밖에서 자본 적이 있다, 없다

7. 나는 병원에 입원한 적이 있다, 없다

8. 나는 부모님에게 용돈을 드린 적이 있다, 없다

9. 나는 돈을 주운 적이 있다, 없다

10. 나는 핸드폰을 떨어뜨려서 액정이 깨진 적이 있다, 없다

11. 나는 강아지를 키운 적이 있다, 없다

12. 나는 올해 바다에 간 적이 있다, 없다

13. 나는 달리기 시합에 나간 적이 있다, 없다

14. 나는 물에 빠진 적이 있다, 없다

15. 나는 꼴등을 해본 적이 있다, 없다

16. 나는 귀신이 나오는 꿈을 꾼 적이 있다, 없다

17. 나는 숙제를 안 해간 적이 있다, 없다

18. 나는 밤 12시 넘게 게임을 한 적이 있다, 없다

19. 나는 등산을 해본 적이 있다, 없다

활동지
20. 나는 눈사람을 만들어본 적이 있다, 없다
21. 나는 슈퍼히어로가 되고 싶다는 생각을 해본 적이 있다, 없다
22. 나는 파마를 해본 적이 있다, 없다
23. 나는 염색을 해본 적이 있다, 없다
24. 나는 공부하다가 울어본 적이 있다, 없다
25. 나는 음식을 먹다가 뱉은 적이 있다, 없다
26. 나는 이성 친구를 사귄 적이 있다, 없다
27. 나는 친구네 집에 놀러갔던 적이 있다, 없다
28. 나는 마라탕을 먹어본 적이 있다, 없다
29. 나는 한 해 5센티미터 이상 키가 큰 적이 있다, 없다
30. 나는 물건을 잃어버린 적이 있다, 없다
31. 나는 낮에 일어나본 적이 있다, 없다
32. 나는 기부를 한 적이 있다, 없다
33. 나는 양치질을 안 하고 잔 적이 있다, 없다
34. 나는 연예인을 만난 적이 있다, 없다
35. 나는 안 아픈데 아픈 척을 한 적이 있다, 없다

'예' 또는 '아니오'로 짝에 대해 맞히면서
즐겁게 이야기를 나누는 놀이

1. 둘씩 짝을 이루고 한 명에 한 장씩 활동지를 나눠줍니다.

2. 1번 질문에 '나' 칸에는 나는 '예'인지 '아니오'인지 쓰고 난 다음에 '짝' 칸에는 짝은 '예'일지 '아니오'일지 예측하여 씁니다. 이때 서로 뭐라고 쓰는지 보이지 않도록 합니다.

3. 쓴 다음에는 서로 동시에 "하나, 둘, 셋"을 외치고 짝에 대해 예측한 것을 말합니다.

4. 이런 식으로 마지막 번호까지 해봅니다.

tip 하나: 질문을 얼마든지 다양하게 해볼 수 있어요.

tip 둘: 질문 순서대로 하나씩 서로 맞혀가면서 진행할 수도 있어요.

tip 셋: 짝의 콧구멍, 눈, 이마 등을 보면서 예상해보도록 하면 더 재밌어요.

번호	질문	나	짝
	서로 알아가는 퀴즈		
1	의사보다 유튜버가 더 되고 싶다		
2	입이 큰 것보다 콧구멍이 큰 게 낫다		
3	똑똑한 사람보다 재밌는 사람이 되고 싶다		
4	과거를 바꾸는 능력보다 미래를 보는 능력을 갖고 싶다		
5	짱구보다 포켓몬이 더 좋다		
6	첫째보다 막내가 되고 싶다		
7	육남매보다 외동이 더 좋다		
8	외계인보다 공룡과 친구가 되고 싶다		
9	시험 없는 학교보다 숙제 없는 학교가 더 낫다		
10	온통 검은색 옷보다 온통 하얀색 옷이 더 낫다		
11	물 위를 걷는 능력보다 벽을 달리는 능력을 갖고 싶다		
12	머리에 코뿔소 뿔보다 엉덩이에 여우 꼬리 달린 게 낫다		

36 열두 가지 열린 질문

열두 가지 질문으로
서로 더 깊이 알아가는 놀이

1. 둘씩 짝을 이루어 정해진 공간 안에서 원하는 곳으로 가서 앉습니다.

2. 같은 질문을 한 번씩 교대로 대답하는 방식으로 이야기를 나눕니다.

3. 순서대로 마지막 번호까지 해봅니다.

tip 하나: 5~7분 정도가 적절하며 먼저 끝낸 짝은 짝을 바꾸어서도 해보세요.

tip 둘: 편안한 대화를 나눌 수 있도록 시간에 쫓겨서 급하게 하지 않아도 된다고
일러주세요.

열두 가지 열린 질문

번호	질문
1	온종일 해도 질리지 않는 게 뭐가 있어?
2	역사 속 인물 중에 누구를 만나보고 싶어? 만나면 무엇을 해보고 싶어?
3	상상한 대로 원하는 집을 지을 수 있다면 어떤 집을 짓고 싶어?
4	가장 기억에 남는 친구는 누구야? 어떤 친구였어?
5	학교 생활하면서 고민이나 어려운 점이 뭐야? 내가 도울 수 있는 게 뭐가 있을까?
6	세상을 위해 한 가지 바꿀 수 있다면 어떤 걸 하고 싶어?
7	일어나면 가장 먼저 무엇을 해?
8	친구 사이를 깨뜨리는 게 뭐라고 생각해?
9	네가 할 수 있는 것 중 가장 자신 있는 건 뭐야?
10	요즘 너를 기분 좋게 하는 게 뭐야?
11	급히 소변보고 싶은데 주변에 화장실이 없으면 어떻게 해결하겠어?
12	할 수 있다면 어떤 발명품을 만들어보고 싶어?

그래, 결심했어!

둘 중 어떤 것을 더 중요하게 생각하는지
알아가는 놀이

1. 둘씩 짝을 이루어 마주 보고 앉습니다.

2. 각자 질문 순서에 따라 두 가지 제시어 중 더 중요하게 생각하는 것에 표시합니다.

3. 이때 상대에게 보이지 않도록 합니다.

4. 마지막 번호까지 다 표시하고 나면 1번부터 "하나, 둘, 셋!"을 말한 다음에
   자신이 표시한 것을 외칩니다.

5. 잠시 선택한 제시어에 대해 왜 더 중요하게 여기는지 생각을 나눕니다.

6. 이런 식으로 마지막 번호까지 해봅니다.

tip 하나: 짝과 몇 개가 통했는지 알아보세요.

tip 둘: 짝과 이야기를 나눈 뒤의 느낌과 생각도 나눠보세요.

tip 셋: 활동지 밑에 나누는 질문 세 가지 정도를 추가하여 이야기를 나눠보도록 할 수
   있어요.

tip 넷: 짝과 이야기를 마친 뒤에 각자 가장 갖고 싶은 것이나 중요하게 여기는 세 가지를
   표시해보고 알아보세요.

서로 알아가는 퀴즈		
번호	A	B
1	운동 잘하는 사람	공부 잘하는 사람
2	유명한 배우 되기	유명한 작가 되기
3	친구 잘 사귀는 능력	친구 사이 화해시키는 능력
4	숲으로 캠핑 가기	바다로 여행 가기
5	모두에게 인기 많은 친구	한 사람과 진정한 친구
6	종일 핸드폰 하기	종일 친구들과 놀기
7	부자인데 불행한 사람	가난한데 행복한 사람
8	웃음과 즐거움을 주는 유머 감각	긍정적인 생각과 태도
9	어떤 일에 몰입하는 열정	어떤 것을 이루고자 하는 의지
10	누구라도 좋아할 매력적인 외모	완벽하게 일을 해내는 능력
11	몸과 마음이 편안해지는 휴식	모험과 도전이 가득한 여행
12	다른 친구들로부터 인정	다른 사람의 마음과 공감

38 친구 문답고사

자신에 대해 문제를 내고
서로 맞혀보면서 알아가는 놀이

1. 선생님이 문제를 주면 학생들은 문항별로 4개의 보기를 쓰는데 보기 중 하나만
   정답이어야 합니다.

2. 이런 식으로 7개 문제를 작성하고 나면 서로 문제지를 바꾸어 풀어봅니다.

3. 다 푼 뒤에 서로 정답을 알아보면서 이야기를 나눕니다.

4. 각자 얼마나 맞혔는지도 알아봅니다.

tip 하나: 주관식을 주어도 좋아요.

tip 둘: 틀린 게 있다면 그것은 틀린 게 아니라 새롭게 알게 된 사실임을 일러주세요.

tip 셋: 문제를 달리하여 다른 사람과도 해볼 수 있어요.

서로 알아가는 즐거움: 친구 문답고사

1. 내가 가장 좋아하는 색깔은?

① 흰색   ② 분홍색   ③ 검은색   ④ 파란색

2. 내가 다니는 학원은?

① 영어   ② 피아노   ③ 태권도   ④ 미술

3. 내가 안 키워본 동물은?

① 이구아나   ② 강아지   ③ 고양이   ④ 앵무새

4. 내가 못 먹는 음식은?

① 버섯   ② 파김치   ③ 닭고기   ④ 가지

5. 내가 좋아하는 영화 장르는?

① 공포   ② 코미디   ③ 액션   ④ 애니메이션

6. 내가 가장 좋아하는 곳은?

① 워터파크   ② 영화관   ③ 학교   ④ 놀이동산

7. 내가 친구 관계에서 가장 중요하게 여기는 것은?

① 의리   ② 예의   ③ 신뢰   ④ 정직

서로 궁금한 내용은 더 이야기를 나눠보세요

39 나의 욕구를 찾아서

서로의 욕구에 대해 알아보는 삼목 놀이

1. 짝과 가위바위보를 해서 이긴 사람이 먼저 원하는 칸을 선택해서 그 질문에 대답하고 'O' 표시를 합니다.

2. 이어서 진 사람도 원하는 칸의 질문에 답을 한 다음 'X' 표시를 합니다.

3. 이런 식으로 하다가 가로, 세로, 또는 대각선으로 세 칸이 한 줄을 이루면 줄을 긋고 1점을 얻습니다.

4. 일정 시간 동안 해보고, 몇 점을 얻었는지도 알아봅니다.

5. 각자 요즘 어떤 욕구가 가장 큰지 고르고, 짝과 잠시 그 욕구에 관해 이야기를 나눕니다.

tip 하나: 서너 명이 해도 되고 둘씩 팀을 지어서 할 수도 있어요.

tip 둘: 전체적으로 몇 명에게 물어보고 이야기 나누는 시간도 가져보세요.

tip 셋: 학년 및 집단에 따라 적절한 질문을 만들어서 즐겨보세요.

[노력] 좀 더 노력해야 한다고 느끼는 것은 뭐야?	[돈] 부자가 된다면 어떤 일에 돈을 쓰고 싶어?	[도전] 어떤 일에 도전해 보고 싶어?	[관계] 좋은 친구 관계를 유지하기 위해 어떤 노력을 하니?	[몰입] 한 번 하면 푹 빠져서 하는 게 뭐야?
[사랑] 넌 누구에게 어떤 사랑을 받고 있니?	[근면] 꾸준하게 열심히 하고 싶은 것은 뭐야? 어떤 점이 어려워?	[용기] 언제 혹은 어떤 것을 할 때 두려움을 느껴?	[능력] 요즘 네가 꼭 갖고 싶은 능력은 뭐야? 그 이유는?	[칭찬] 부모님께 무엇에 대해 칭찬을 듣고 싶어?
[건강] 건강을 위해 너는 어떤 습관을 가꾸고 싶어?	[평화] 평화로운 학급을 만들기 위해 뭐가 사라져야 할까?	[행복] 요즘 행복하니? 너를 행복하게 하는 건 뭐야?	[봉사] 누구를 위해 어떤 봉사를 해보고 싶어?	[쉼] 여유롭게 지내니? 쉴 때 주로 무엇을 해?
[희망] 올해 꼭 이루어지길 희망하는 일은 뭐야?	[이해] 누가 너를 이해해줬으면 좋겠어? 무엇을 이해받고 싶어?	[자기 존중] 넌 자신에게 10점 만점에 몇 점을 주고 싶어? 그 이유는?	[성취] 올해 어떤 목표를 이루고 싶어?	[격려] 너를 힘이 나게 하는 말은 뭐야?
[재미] 넌 무엇을 할 때 재미를 느껴?	[회복] 몸과 마음 중에 나았으면 하는 건 뭐야?	[선택] 요즘 고민이 됐던 선택은 뭐야? 왜 고민이 됐어?	[소속] 너의 반은 분위기가 어때? 어떤 반이면 좋겠어?	[소통] 평소 누구랑 이야기를 많이 해? 주로 어떤 이야기를 나눠?
[해결] 집이나 학교에서 일어나는 문제 중 해결됐으면 하는 것은?	[자유] 하루 동안 자유가 주어지면 무엇을 하고 싶어?	[신뢰] 가장 믿음이 가는 친구는 누구야?	[안전] 언제 불안함을 느껴? 불안함을 느낄 때 넌 어떻게 해?	[우정] 너의 가장 친한 친구에 대해 소개해줄래?
[경험] 학교에서 꼭 해보고 싶은 경험은 뭐야?	[나눔] 네가 가진 것 중에 사람들과 무엇을 나눌 수 있어?	[자신감] 어떤 일에 대해서 자신감을 키우고 싶어?	[배움] 꼭 배워보고 싶은 것은 뭐야?	[꿈] 어떤 꿈을 이루고 싶어?

대화 놀이 일화 나누기

이야기 하나. 사이를 잇는 놀이와 대화

전국 여러 지역에 있는 친구들을 놀이집단프로그램을 통해 만나고 있다. 어느 지방 도시의 초등학교 6학년 친구들의 일화이다. 10인 10색이고, 같은 놀이도 누구와 하느냐에 따라 다른 것처럼 10개의 학급이 있으면 그 색깔이 다 다르다. 학급의 이슈 또한 마찬가지다. 이번에 갔던 학급에서 눈에 띈 이슈는 진수(가명)를 둘러싼 '왕따'였다. '왕따'라고 명명하는 순간 그 문제가 '왕따'로 규정되기에 조심스럽지만, 진수에 대한 학급 친구들의 '거리 두기'가 두드러져 보였다.

아이들과 의자를 원 대형으로 배치하고 둘러앉아서 오리엔테이션을 하려는데 진수가 들어왔다. 평소에도 늦잠을 자서 지각하는 경우가 많다고 했다. 어서 오라고 반갑게 맞이하고 자리를 내주었다. 기운이 없어 보였다. 다소 의기소침하고 눈치를 보는 듯했다. 놀이가 시작됐다. 다 같이 섞여서 어울리는 '여는 놀이'를 중심으로 집단을 열었다. 꾀죄죄한 옷차림에 튼 얼굴인 진수의 몸에서는 냄새가 났다. 그런 진수를 다른 친구들이 피하며 다가가지 않는 게 느껴지고 보였다. 진수 자신도 친구들을 피하고 선뜻 가까이 가지 못했다.

그래서 다 같이 돌아다니면서 만나는 친구와 즐기는 몸 놀이를 하면서 놀이 규칙을 하나 주었다. 한 번 만난 사람은 만날 수 없고, 반 전체 친구들을 한 번씩은 만나기로 했는데 덕분에 좀 더 활발하게 서로에게 다가가는 시도들이 이루어지고 골고루 다양한 친구들과 어울리는 계기가 되었다. 다른 친구가 다가가 가위바위보를 청할 때 진수의 얼굴에서 옅은 미소가 보였다. 1교시 그 잠깐 사이였지만 학급과 친구들 사이에서 진수가 어떤 모습인지, 어떤 관계를 맺고 있는지 파악할 수 있었다.

1, 2교시 몸 중심의 놀이를 전체 놀이, 모둠 놀이, 짝 놀이 등 여러 형태로 즐기면서 많이 웃고, 집단은 점점 역동과 응집력이 커갔다. 너나 구분 없이 활발하게 어울렸다. 친구 관계에서 쌓인 진수 마음의 벽에도 조금씩 금이 가고 있었다. 그런데 큰 도전이 하나 찾아왔다. 3교시, 임의대로 번호를 지정하여 같은 번호끼리 만나서 둘씩 짝을 맺도록 했다. 몸으로 하는 간단한 짝 놀이 후에 미완성 문장을 가지고 질문의 순서대로 이야기를 나누는 대화 놀이를 했다.

이번 집단에선 필요할 것 같아 집단 과정에 나의 경험담과 함께 학급 공동체 차원에서 발견한 소중한 모습에 대한 긍정적인 피드백을 간략히 들려주었다. 3교시 들어가면서는 '세 친구 이야기'를 들려주었다. 이번 집단의 주제로 삼은 '있는 그대로 받아주고 함께하는 친구'와 관련한 이야기였다. 진수와 우정이가 짝이 되었다. 둘씩 마주 보고 '가위바위보 만세 박수' 놀이를 하는데 분위기가 이상했다. 다른 친구들은 서로 얼굴을 보고 깔깔대며 재미있게 하고 있는데 진수와 우정이 사이에선 냉기가 흐르고 있었다. 진수는 등을 돌리고 앉아 있고, 우정이는 고개를 숙인 채 둘은 전혀 어울리지 않았다. 나중에 들어보니 진수와 다른 친구들은 잘 안 어울리는데 특히 우정이와 가장 사이가 멀고 안 좋다고 하셨다.

'가위바위보 만세 박수' 놀이를 할 동안에는 개입하지 않았다. 대화 놀이를 하기 전 대화의 약속을 나눌 때 좀 더 주의를 기울여 이야기를 나눴다. 대화가 시작되고 나는 진수와 우정이에게 다가가 인사를 하고는 "삼촌도 같이해도 될까?" 정중하게 물었다. 한 사람씩 물었고 둘 다 기다렸다는 듯 "네"라며 청을 들어주었다. 어색하지만 대화가 시작되었고, 이야기를 나누었다. 중간쯤 아이들에게 말을 건넸다.

"삼촌이 없어도 서로 마음을 열고 대화를 나누며 알아가는 시간을 가져보면 좋겠어"라고 당부하고 격려한 뒤에 두 친구끼리 대화를 해보도록 일어섰다. 아이들은 이번에도 "네"라고 답하며 대화를 이어갔다. 서로 등 돌리고 앉거나 고개를 숙이며 쳐다보지도 않던 친구들이 끝까지, 그것도 다른 친구들보다 오랫동안 이야기를 나누는 모습이 뭉클했다. 두 친구는 둘 사이에 처음으로 대화라는 것을 해본 것이다.

나는 아이들을 놀이에 초대할 수는 있지만 노는 것까지 대신할 순 없다. 관계를 대신 풀어갈 수도 맺어줄 수도 없는 노릇이다. 다만 아이들이 서로 좋은 친구가 되고 하나가 되어가도록 촉진자로서 내 역할을 할 따름이다. 짧은 시간, 아이들 안에 보이지 않은 이음줄이 연결된 게 보였다.

놀이의 즐거움은 놀이 그 자체의 즐거움이기도 하지만 관계의 즐거움이 핵심이다. 진수는 오늘 놀이 안에서 관계의 즐거움을 누렸다. 학급 친구들과 평소와 다른 관계 경험을 했다. 함께 만들어가는 하나 된 즐거운 교실. 앞으로도 서로에게 '좋은 친구'가 되어가길, 오늘처럼 너나없이 친하게 어울리는 너나들이가 되길. 인사를 마치고 가려고 하자 진수가 따라 나왔다.

"다음에 또 오실 거죠?"
"그렇게 말해주니 고맙구나. 오늘 즐거웠니?"
"네."
"고맙습니다."

진수의 웃음을 보고 떠날 수 있어서 감사했다. 시나리오 없이 흘러가는 집단 안에서 늘 보이지 않는 사랑의 손길을 느낀다. 진수가 내게 한 인사를 나는 돌아가는 차 안에서 하나님께 했다. "하나님, 고맙습니다."

이야기 둘. 침묵으로도 소통할 수 있어요

밝고 활달한 초등학교 4학년 친구들과 2회에 걸쳐 6교시를 만나고 왔다. 놀이다 보니 예측할 수 없는 여러 장면을 만나는 것처럼 이런저런 어려움을 겪는 친구들을 만나기도 한다. 이번에는 선택적 함구증을 갖고 있는 친구를 만났다. 선생님이 말씀하시길 친구들과 전혀 말을 하지 않고 전혀 어울리지 못한다고 귀띔해주셨다.

1교시를 시작하면서 '모두가 즐겁고 행복한 하루, 좋은 친구가 되어주는 하루'를 함께 만들어가자는 뜻과 마음을 모으는 시간을 가졌다. 이를 위한 집단의 약속을 나눈 뒤에 의자에 둘러앉아 동요와 함께 율동을 하면서 가볍게 몸 푸는 활동을 하고 이어서 '사람을 찾습니다'라는 자리 바꾸기 놀이를 했다. 규칙은 간단하다. 다른 친구들이 다 같이 이름을 연호하며 "사람을 찾습니다~"라고 외친다. 그러면 가운데 술래는 "치킨 좋아하는 사람을 찾습니다~"와 같이 말하면 된다. 이때 술래를 포함해 치킨 좋아하는 친구들은 재빨리 자리를 이동해 앉는 식이다. 자리를 차지하지 못한 한 사람이 새로운 주인공이 된다.

선택적 함구증을 안고 있는 현식(가명)이도 처음에는 긴장하고 어색한 기색이 있었지만 이내 즐겁게 참여하는 모습이었다. 그런데 어느 순간 현식이가 술래가 됐다. 현식이가 술래가 되자 갑자기 조용해졌다. 그리고 한 친구가 "현식이 말 못 해요"라고 알려주었다. 모두가 현식의 의사와 상관없이 다른 사람으로 술래를 바꿔야 한다는 분위기였다. 아이들은 이것이 현식이를 위한 배려라고 여겨서 하는 말일 수 있다. 하지만 나는 현식이의 있는 모습 그대로 그 역할을 하면서 참여해볼 수 있는 방법을 제시했다.

아이들의 출석 번호 1~8번까지를 '1', 9~15번까지를 '2', 16~24번까지를 '3'이라 하고 현식이에게 손가락으로 자기 의사를 표현해보겠는지 물었고, 이에 현식이는 그렇게 해보겠다고 고개를 끄덕였다. 모든 친구가 "최현식, 최현식!" 그 이름을 연호하고 힘껏 "사람을 찾습니다~"라고 외치고는 현식이와 그 손에 집중했다. 그때 현식이가 팔을 위로 천천히 쭉 뻗더니 두 번째 손가락을 들어 보였다. 그러자 일제히 1번 친구들이 자리를 옮기는데 그 모습이 눈물이 날 만큼 사랑스러웠다.

누군가를 존중하고 배려한다고 하는 행동이 의도치 않게 편견이 되고 소외시키는 것이 될 수 있다. 공동체 안에서 그 사람의 모습 그대로 참여할 수 있는 지혜와 방법을 적극적으로 찾아 더불어 즐기는 놀이터가 그를 위한 진정한 존중이고 배려가 된다고 생각한다.

첫째 날 3교시, 둘씩 짝을 이루어서 하는 대화 놀이인 '친구야, 나를 맞혀봐'를 했다. 열쇠삼촌이 '짝꿍이 좋아할 것 같은 음식'이라는 질문을 주면 짝이 무엇을 좋아할지 예측하여 양식지에 적는다. 이런 식으로 10개 정도 한 뒤에 서로 한 문항씩 이야기를 나누며 알아맞히고 서로 알아가는 활동이다. 준수(가명)가 현식이랑 짝이 되었다. 두 친구가 서로 종이만 바꿔서 대화는 주고받지 않고 채점하듯이 '맞다, 틀리다'만 표시하고 정답을 적듯 자기 것을 적어주는 식으로 하고 있는 모습을 발견했다.

그래서 나는 준수에게 현식이가 말하기 어려워한다면 준수가 물어봐주고 또 현식이에게 준수의 이야기를 들려주는 식으로 이야기를 나눠보도록 권했다. 이후 준수는 현식이에게 말을 걸고, 현식이도 자기 방법으로 표현하며 한 사람은 말로, 한 사람은 글로 대화를 했다. 또 다른 따뜻한 대화의 한 장면이었다.

평소 친구들과 전혀 어울리지 못했다는 현식이는 전체 놀이, 모둠 놀이, 짝 놀이 등 여러 형태의 놀이를 하면서 있는 모습 그대로 참여하며 다른 친구들과 즐거운 사귐의 시간을 가졌다. 현식이의 웃는 모습이 감사할 따름이었다. 첫째 날 피드백을 나누면서 보조 강사인 영하 삼촌에게 다음 회기에 현식이와 대화 활동할 때 짝을 이루어 현식이가 말로 할지, 적는 식으로 할지 이야기를 나누고 그에 따라 오붓한 대화의 경험을 할 수 있도록 당부를 했다.

둘째 주, 미완성 문장의 활동지로 대화를 나누는 활동을 했다. 영하 삼촌이 현식이와 짝을 이루었다. 글로 적어줄 수 있는지 묻자 현식은 고개를 끄덕이며 그러겠다고 했다. 삼촌은 말로, 현식이는 글을 적는 방식으로 이야기를 이어갔다. 시간이 다 되어 쉬는 시간이 되었다. 아직 대화가 안 끝난 친구는 더 해도 좋다고 하자 영하 삼촌이 현식이에게 더 할지를 물었다. 이에 현식이가 종이에 썼다.

'계속'

소감을 나누는 시간, 현식이의 종이에는 '즐거워요', '엄지 척!', '놀이 맛집!'이라고 적혀 있었다. 2주, 6교시 내내 함께한 담임선생님은 아이들의 노는 모습이 감동적이었고 함께 놀아서 천국에 온 기분이라고도 했다. 아이들은 놀기만 했음에도 느끼고 알고 있었다. "한 명도 빠짐없이 다 같이 즐겁게 놀아서 좋았어요", "서로 비난하지 않고 싸우지 않아서 좋았어요", "친구들과 협력하며 놀아서 좋았어요", "공부하지 않고 놀기만 해서 좋았어요" 등등의 소감이 나왔다.

아이들의 웃는 모습, 땀 흘리며 즐겁게 노는 모습, 행복한 만남과 사귐이 있는, 서로에게 좋은 친구가 되어주는 소중한 모습을 만났다. 오늘처럼 스스로 또 더불어 행복한 학급을 만들어갈 것을 힘껏 응원하고 작별 인사를 나눴다.

3장

모둠이 즐기는 놀이

3명에서 8명 사이의 다양한 형태의 소그룹으로
즐길 수 있는 대화 놀이가 담겨 있어요.
놀이에 맞게, 집단의 상황과 특성에 따라
적정 인원의 소그룹을 만들어보세요.
좋은 대화는 좋은 대화 문화를 낳고 좋은 관계를 낳아요.
건강한 소그룹 대화의 경험은
건강한 성장의 촉진제가 되기도 하지요.

손가락 접기 (1)

한 사람에 한 번씩 자신이 경험했던 내용을
말해 다른 사람의 손가락을 접게 하는 놀이

1. 첫 번째 사람부터 자신은 해봤는데 다른 사람은 안 해봤을 것 같은 경험을 말한 뒤에 "접어!"라고 말합니다.

2. 첫 번째 사람이 말한 내용에 해당하는 사람은 손가락을 하나씩 접습니다.

3. 예를 들면 "이구아나 안 키워본 사람 접어!"라고 했다면 이구아나를 안 키워본 사람은 손가락을 하나 접으면 됩니다. 이때 말한 사람은 키우고 있거나 키워본 경험이 있어야 합니다.

4. 이런 식으로 한 사람씩 순서대로 진행하며, 마지막까지 손가락이 남은 한 사람 이 나올 때까지 해봅니다.

모둠: 5~8명

tip 하나: 놀이를 시작하기 전에 선생님이 "결혼 안 한 사람 접어!", "달리기 꼴등 안 해본 사람 접어!", "오늘 화장실 안 다녀온 사람 접어!"처럼 자기 경험의 예시를 들면서 시범을 보여주면 쉽게 이해를 도울 수 있어요.

tip 둘: 시작하기 전에 잠시 자신의 경험을 떠올려보는 시간을 줘도 좋아요.

tip 셋: 이 활동은 서로 알아가는 놀이이므로 "나 빼고 다 접어!" 이런 거는 안 된다고 미리 알려주세요.

손가락 접기 (2)

한 사람에 한 번씩 자신의 특징을 말해
다른 사람의 손가락을 접게 하는 놀이

1. '손가락 접기(1)'과 같은 방식으로 진행하되, 주제가 자신의 경험이 아닌
   특징이란 점이 다릅니다.

2. 첫 번째 사람부터 자기 특징에 대해 말하고 "접어!"라고 말합니다.

3. 해당하는 사람은 손가락을 하나씩 접습니다.

4. 이런 식으로 순서대로 진행하여 마지막 한 사람이 남을 때까지 해봅니다.

모둠: 5~8명

tip 하나: "안경 안 쓴 사람 접어!", "쌍둥이 아닌 사람 접어!", "봄에 안 태어난 사람 접어!",
        "다리 찢기 안 되는 사람 접어!" 등 구체적 예시를 들어주세요.

tip 둘: 신체적 특징, 능력, 취미, 꿈, 좋아하는 음식, 가족 사항 등 다양한 특징이 있어요.

이런 사람 없을걸?

해당하는 사람이 가장 적을 것 같은 질문을
고르고 그 질문의 주인공을 알아보는 놀이

1. 첫 번째 사람부터 활동지를 보고 질문에 해당하는 사람이 가장 적을 것 같은
   질문 한 가지를 고르고 표시합니다.

2. 예컨대 첫 번째 사람이 "남동생이 있는 사람"이란 질문을 골랐으면, 다 같이
   "하나, 둘, 셋!"을 외친 뒤에 여기에 해당하는 사람은 손을 듭니다.

3. 만약 질문을 고른 사람을 포함해 두 명이 손을 들면 첫 번째 사람은 2점을 얻게
   됩니다. 점수를 적게 얻을수록 예측의 달인이 됩니다.

4. 손을 든 사람들의 사연을 잠깐씩 들어보면서 서로 알아갑니다.

5. 이런 식으로 마지막 사람까지 해보고 가장 낮은 점수를 얻은 예측의 달인도
   알아봅니다.

tip 하나: 선생님이 먼저 시범을 보여주면 쉽게 이해를 도울 수 있어요.

tip 둘: 질문에 해당하는 사람이 많을 것 같은 질문을 고르는 방식으로 할 수도 있겠지요.

tip 셋: 질문은 다양하게 변형하여 즐길 수 있어요.

대회에 나가서 상 타본 사람	형제가 세 명인 사람	거짓말하다가 들켜본 사람	부모님 심부름하고 용돈 받아본 사람
완전히 다리 찢기 할 줄 아는 사람	전학한 적 있는 사람	오늘 아침 안 먹고 온 사람	두발자전거 탈 줄 아는 사람
요리 세 가지 이상 할 줄 아는 사람	선생님 흉내 낼 수 있는 사람	수술해본 적 있는 사람	나와 손바닥 크기가 같은 사람
반려동물 키우는 사람	해외여행을 다녀온 적 있는 사람	혈액형이 O형인 사람	생일이 겨울인 사람

4 인물 OX

1. 선생님이 "나는 민트초코 아이스크림을 좋아한다. O, X?"처럼 자신에 관한 내용으로 먼저 퀴즈를 내고 학생들이 맞혀봅니다.

2. 이런 식으로 학생들에게 각자 자신에 관한 O, X 퀴즈를 하나씩 생각해보도록 합니다.

3. 모둠별로 한 사람은 퀴즈를 내고 다른 사람들은 맞힙니다.

4. 다 같이 맞혀가면서 즐겁게 서로 알아갑니다.

5. 각자 몇 명에 대해 맞혔는지도 알아봅니다.

모둠: 4~8명

tip 하나: 정해진 시간에 따라 퀴즈의 개수를 정해보세요.

tip 둘: 신체적 특징, 취미, 가족 관계, 좋아하는 음식 등 퀴즈별로 구체적인 영역을 제안하거나 구체적인 예시를 들어주면 퀴즈를 쉽게 이해하고 즐길 수 있어요.

5 주사위 빙고 대화

주사위를 던져서 나온 숫자에 해당하는 칸의
질문에 답하면서 서로 알아가는 놀이

1. 모둠별로 6X6 빙고 형식으로 된 대화 양식지를 나눠줍니다.

2. 한 사람씩 순서대로 가로, 세로에 해당하는 주사위 2개를 던져서 나온 숫자에
   해당하는 질문에 답을 합니다.

3. 이어서 다음 순서인 사람도 같은 질문에 답을 합니다. 즉, 한 가지 질문에
   두 사람이 답하는 방식입니다.

4. 대답을 마치면 해당 칸에 ○를 표시합니다.

5. 이런 식으로 한 사람씩 돌아가면서 하다가 가로, 세로, 또는 대각선으로 질문
   4개가 한 줄이 되면 빙고를 외치고 마칩니다.

tip: 집단의 특성과 나누고자 하는 주제를 고려해 질문의 수준과 내용을 정해보세요.

	1	2	3
1	나의 취미는?	요즘 자주 하는 것은?	학교에서 재밌었던 때는?
2	스스로 만들 줄 아는 음식은?	꼭 배워보고 싶은 악기는?	볼 일이 급한데 화장지가 없다면?
3	내가 할 줄 아는 것 중에 잘하는 것은?	누군가를 도와줬던 일 중 기억에 남는 일이 있다면?	나의 보물 1호는?
4	학교 근처에 갈 만한 곳을 추천한다면?	어떤 친구를 좋아하나요?	무엇이든지 될 수 있다면?
5	내가 살고 싶은 집은?	내가 닮고 싶은 사람은?	오늘 내 기분을 날씨로 표현한다면?
6	선생님에게 들었을 때 힘이 나는 말은?	갖고 싶은 초능력은?	다른 사람에게 질문받고 답하기

4	5	6
한 번쯤 가보고 싶은 곳은?	내 성격 중 바꾸고 싶은 점은?	나를 화나게 하는 것은?
싫어하거나 못 먹는 음식은?	잘하고 싶은 운동은?	기억에 남는 사람은? 그 이유는?
최근에 드는 고민은?	다른 사람에게 질문받고 답하기	내가 스트레스를 푸는 방법은?
내가 바라는 우리 반은?	가족을 위해 하고 싶은 것은?	학교에 새로 생겼으면 하는 시설은?
나의 보물 1호는?	내가 좋아하는 연예인은? 그 이유는?	나의 꿈은?
나는 어떤 친구가 되고 싶나요?	교장이 된다면 무엇을 바꾸고 싶나요?	내게 하루 동안 자유 시간이 주어진다면?

진실 혹은 거짓 (1)

세 가지 이야기 중에 거짓을 찾아내는 놀이

1. 세 가지 주제를 주고 잠시 자신에 대해 생각해볼 시간을 줍니다.

2. 주제는 '1번은 취미, 2번은 신체적 특징, 3번은 경험' 식으로 줄 수 있습니다.

3. 한 사람씩 주인공이 되어 세 가지 주제로 자기에 관해 소개하되, 한 가지는 거짓을 말하도록 합니다.

4. 다른 사람들은 다 듣고 나서 몇 번이 거짓인지 손가락으로 표시합니다.

5. 주인공은 정답을 밝히고, 이어서 거짓에 대해서 진실이 무엇인지 이야기를 들려줍니다.

6. 이런 식으로 마지막 사람까지 해봅니다.

모둠: 4~6명 / 준비물: 활동 양식지, 펜

tip 하나: 직접 종이에 써서 하도록 해보세요. 나중에 각자 쓴 내용을 벽이나 칠판에 붙이면 쉬는 시간에 다른 친구에 대해서도 알아볼 수 있어요.

tip 둘: "내 취미는 등산이다", "나는 손바닥에 수술 자국이 있다", "나는 백두산에 가본 적이 있다", "과연, 몇 번이 거짓일까요?"처럼 선생님이 먼저 시범을 보여주면 쉽게 놀이의 이해를 도울 수 있어요.

진실 혹은 거짓 (2)

누가 거짓을 말하는지 찾아내는 놀이

1. 모둠별로 3분 정도 좋아하는 운동, 꿈, 가족 관계, 경험 등 자유롭게 이야기를 나눕니다.

2. 이야기를 나눈 뒤에 모둠별로 거짓을 말할 한 사람을 정합니다.

3. 첫 번째 모둠부터 앞으로 나와서 한 사람씩 자신에 관한 이야기를 한마디씩 합니다.

4. 다른 모둠은 의논하여 누가 거짓을 말하는지 맞힙니다.

5. 이런 식으로 마지막 모둠까지 해봅니다.

모둠: 3~4명

tip 하나: 특정 주제를 정해주면 이야기 나누는 게 쉽고 편해요.

tip 둘: 그럴 듯 아닐 듯 헷갈리는 내용으로 하면 더 재미있어요.

8 무엇이든지 물어보세요

다른 사람에게 받은 질문에 대해
자신이 이야기를 들려주는 놀이

1. 첫 번째 사람부터 5X5 질문 양식지를 보고 질문을 하나 고른 뒤, 이야기를 듣고 싶은 한 사람을 지목합니다.

2. 선택받은 사람은 질문에 대해 자기 이야기를 들려줍니다.

3. 마치면 아직 이야기를 안 한 한 사람을 지목합니다.

4. 지목된 사람은 같은 방식으로 이어가면 됩니다.

5. 한 번씩 다 하면 새롭게 한 번씩 더 해봅니다.

tip: 대답한 질문은 표시를 해두세요.

같은 놀이 다르게
1. 한 사람이 질문을 받고 답한 다음에 또 다른 사람에게 그 질문과 관련한 심화 질문을 받고 대답하는 방식으로 할 수도 있습니다.
2. 예컨대 "역사 속 인물 중 꼭 만나보고 싶은 사람은?"이라는 질문에 "세종대왕"이라고 대답했다고 합시다. 이어서 다른 한 사람에게 "세종대왕을 만나서 꼭 물어보고 싶은 것은?", "세종대왕과 해보고 싶은 것은?" 식으로 관련 질문을 한 번 더 받아서 대답합니다.

어른이 된다면 하고 싶은 것은?	순간 이동을 한다면 가보고 싶은 곳은?	가장 좋아하는 놀이나 게임은?	역사 속 인물 중 꼭 만나보고 싶은 사람은?	하루 중 가장 좋아하는 시간은?
무엇이든지 될 수 있다면?	부모님께 가장 듣고 싶은 말은?	어떤 초능력을 갖고 싶어?	요즘 어떤 고민이 있어?	어떤 과목이 어려워?
사거나 갖고 싶은 물건은?	가장 좋아하는 연예인은 누구야?	가장 좋아하는 계절은?	가장 무서워하는 것은?	학교에서 가장 재밌었던 때는?
부모님에게 바라는 점은?	싫어하거나 못 먹는 음식은?	요즘 관심이 가는 게 뭐가 있어?	네가 할 줄 아는 것 중 가장 잘하는 건 뭐야?	내가 선생님이 된다면?
학교에 어떤 시설이 생겼으면 좋겠어?	어떤 친구가 좋은 친구라고 생각해?	친구들과 꼭 한 번 해보고 싶은 것은?	스스로 버리거나 고치고 싶은 점은?	부모님을 위해 해주고 싶은 것은?

9 누구일까

사연의 주인공이 누구인지 알아맞히는 놀이

1. 모둠별로 각자 자기를 소개할 만한 내용 세 가지를 쪽지에 적어서 남이 볼 수 없게 두 번 접습니다.

2. 쪽지를 골고루 섞은 뒤에 모둠 중앙에 놓고 임의로 하나씩 가져갑니다.

3. 첫 번째 사람부터 마치 쪽지의 주인공이 자신인 것처럼 소개합니다.

4. 다른 사람들은 다 듣고 나서 손가락으로 쪽지의 진짜 주인공일 것 같은 사람을 동시에 가리킵니다.

5. 주인공은 손을 들어 알려주고 맞힌 사람은 1점을 얻습니다.

6. 이번에는 주인공이 같은 방식으로 자신이 뽑은 쪽지를 소개합니다.

7. 이렇게 진행하다 마지막 두 사람이 남으면 두 사람의 쪽지를 다 소개한 뒤에 각 쪽지의 주인공이 누구인지 맞혀봅니다.

모둠: 6~8명 / 준비물: 쪽지, 사인펜

tip: 집단에 따라 자기소개 주제를 '형제 관계', '좋아하는 간식', '선생님에게 부탁하고 싶은 말', '좋아하는 게임' 등 구체적으로 제시해줘도 좋아요.

소지품 대화 (1)

선생님의 질문에 적절한 소지품을 고르고
생각을 나누는 놀이

1. 각자 소지품을 5개씩 꺼냅니다.

2. 각자 어떤 물건을 꺼냈는지 확인합니다.

3. 선생님이 "이 중에서 무인도에 꼭 가져갈 물건을 하나 고른다면?" 식으로
   질문하면 학생들은 자신이 꺼낸 물건 중 하나를 고릅니다.

4. 모둠별로 한 사람씩 돌아가면서 물건을 고른 이유를 나눕니다.

5. 이런 식으로 질문을 바꾸어서 해봅니다.

모둠: 3~5명 / 준비물: 소지품

질문 예시
• 가장 소중하게 여기는 물건
• 나를 가장 잘 나타내는 물건
• 큰일을 보았는데 화장지가 없을 때, 대신 해결하기 위해 선택할 물건
• 숟가락 대신 사용할 물건

11 소지품 대화 (2)

쪽지에 적힌 주인공이 누구인지 맞히고
물건에 얽힌 사연으로 이야기를 나누는 놀이

1. 모둠별로 둥그렇게 앉고 각자 쪽지와 펜을 하나씩 나눠줍니다.

2. 선생님이 하나씩 질문을 알려주면 그에 맞는 자신의 물건을 순서대로 쪽지에
   씁니다.

3. 예컨대 첫 번째 질문으로 "내가 가장 많이 쓰는 물건은?"이라고 하면 학생들은
   자기 쪽지에 다른 사람이 못 보도록 '1. 핸드폰' 식으로 쓰면 됩니다.

4. 이런 식으로 세 가지 질문에 답을 쓴 다음 쪽지를 두 번 접어서 가운데 모아
   골고루 섞어줍니다.

5. 다시 섞인 쪽지 중 하나를 가져간 다음 첫 번째 사람부터 쪽지의 내용을
   읽어주면 다른 사람들이 그 쪽지의 주인공을 알아맞힙니다.

6. 주인공을 알아본 뒤에 주인공에게 잠시 사연을 들어봅니다.

7. 이런 식으로 마지막 사람까지 해봅니다.

질문 예시
• 가장 많이 쓰는 물건
• 가장 나를 나타내는 물건
• 버리고 싶은 물건
• 선물 받고 싶은 물건
• 특별한 추억이 담긴 물건

12 나도, 나도 (1)

다른 사람은 없을 것 같은 자신의
경험이나 특징을 말하는 놀이

1. 첫 번째 사람부터 다른 사람은 없을 것 같은 자신만의 특징이나 경험을 말합니다.

2. 듣고 난 뒤에 다 같이 "하나, 둘, 셋!"을 외치고 비슷한 경험이나 특징이 있는
   사람은 "나도!"를 외치며 손을 듭니다.

3. 만약 두 사람이 손을 들면 2점을 얻습니다. 점수가 적을수록 독특한 특징을
   가진 셈입니다.

4. 이런 식으로 일정 시간 동안 순서대로 돌아가면서 해봅니다.

모둠: 5~8명

tip 하나: "내 코에는 복점이 있다", "나는 사남매다", "나는 달리기 1등을 해본 적이 있다",
"나는 치킨 한 마리를 혼자서 먹을 수 있다"처럼 신체적 특징, 능력, 경험 등 나와
관련된 사항을 다양하게 말할 수 있어요.

tip 둘: 짧게 사연을 들어보며 서로 알아가는 시간을 가져요.

tip 셋: 시간적인 여유가 있다면 두세 번씩 해보세요.

13 나도, 나도 (2)

다른 사람도 나와 공통적으로
있을 것 같은 경험이나 특징을 말하는 놀이

1. 순서를 정하여 첫 번째 사람부터 다른 사람에게도 있을 것 같은 자신의
   특징이나 경험을 말합니다.

2. 듣고 난 뒤에 다 같이 "하나, 둘, 셋!"을 외치고 자신도 그렇다고 생각한 사람은
   손을 들도록 합니다.

3. 만약 세 사람이 손을 들면 말한 사람은 3점을 얻습니다.

4. 이런 식으로 일정 시간 동안 돌아가면서 해봅니다.

모둠: 5~8명

tip 하나: 시작 전에 "나는 치킨을 좋아한다", "나는 바다에 가본 적이 있다"같이 예시를
         들거나 시범을 보여주세요.

tip 둘: "나는 눈이 2개다", "나는 인간이다" 같은 인간 보편적인 특징은 안 된다고
       알려주세요.

tip 셋: 가장 공통점이 많았던 세 가지가 무엇이었는지 알아보세요.

tip 넷: 가장 많은 점수를 얻는 사람에게 '공감의 달인'이란 칭호를 붙여주세요.

인물 OX 빙고

인물 OX 퀴즈로 즐기는 빙고 놀이

1. 한 사람씩 5X5 빙고 양식지를 나눠줍니다.

2. 각각 자유롭게 1에서 25까지 자유롭게 빈칸을 채우도록 합니다.

3. 이어서 모둠별로 순서를 정합니다.

4. 만약 모둠이 4명이라면 1번에서 4번까지 순서를 정하면 됩니다.

5. 선생님이 1번 질문으로 "나는 마라탕을 좋아한다, O, X?"를 제시합니다.

6. 모둠별로 모둠의 1번 학생이 마라탕을 좋아할지 예측하여 다른 사람이 보이지 않게 종이에 O 또는 X를 씁니다.

7. 이어서 모둠별 1번 학생이 정답을 발표하면 1번 학생을 포함하여 정답을 맞힌 학생들은 1번에 맞혔다는 표시를 합니다.

8. 2번 질문은 다른 학생들이 2번 학생에 대해 맞히면 됩니다.

9. 이런 식으로 25개의 질문을 순서대로 진행하여 각자 몇 줄 빙고가 나왔는지 알아봅니다.

tip 하나: 인원수 또는 시간에 따라 3X3, 4X4로 진행할 수 있어요.

tip 둘: 모둠이 아닌 반 전체로도 진행할 수 있어요.

OX 질문 예시

1. 나는 꿈을 자주 꾸는 편이다.

2. 나는 친구를 빨리 사귀는 편이다.

3. 나는 영화 속 초능력자(영웅)가 되는 상상을 한 적이 있다.

4. 나는 음식 메뉴를 고를 때 고민을 많이 하는 편이다.

5. 나는 길에서 지갑을 줍게 되면 경찰서에 갖다 줄 것이다.

6. 나는 부모님께 일주일에 한 번씩 용돈을 받아서 쓴다.

7. 나는 일주일에 3일 이상 일기를 쓴다.

8. 나는 시간 여행을 할 수 있다면 꼭 할 것이다.

9. 나는 공포 영화를 무서워서 잘 못 본다.

10. 나는 무서운 놀이기구를 잘 탄다.

11. 나는 왕따 당하는 친구를 보면 모른 척하지 않을 것이다.

12. 나는 보드게임을 좋아한다.

13. 나는 자전거보다 달리기를 좋아한다.

14. 나는 12시간 이상 자본 적이 있다.

15. 나는 친구와 주먹다짐 하면서 싸운 적이 있다.

16. 나는 방탈출 카페를 가본 적이 있다.

17. 나는 게임보다 친구가 좋다.

18. 나는 내가 원하는 사람과 몸을 바꿀 수 있다면 그렇게 할 것이다.

19. 나는 치킨보다 피자가 더 좋다.

20. 나는 무인도 체험을 해보고 싶다.

21. 나는 학교 외 다른 곳에서 봉사활동을 해본 적이 있다.

22. 나는 올해 해외에 다녀왔다.

23. 나는 구독하고 있는 유튜브 채널이 있다.

24. 나는 물건을 어디에 뒀는지 잘 잊는다.

25. 나는 방을 깔끔하게 정리하는 걸 좋아한다.

15 작가와의 대화 (1)

학생들이 작가가 되어 이야기를 나누는 놀이

1. 선생님은 모든 사람의 삶은 저마다 소중한 한 권의 책임을 알려주고 주제를
   제시합니다.

2. 학생들은 작가가 되어 주제와 관련된 자신의 이야기를 떠올려보고 그 이야기에
   어울리는 책 제목을 지어서 포스트잇에 작성합니다.

3. 작가를 희망하는 학생들은 칠판에 포스트잇을 붙입니다.

4. 학생들은 가장 호기심이 가는 책 제목에 펜으로 표시합니다.

5. 세 명의 작가를 뽑기로 한다면 가장 많은 표시를 받은 세 사람을 선정하면 됩니다.

6. '오늘의 작가'에 선정된 사람 수에 따라 작가를 중심으로 모둠을 만들고
   균등하게 학생들을 배치합니다.

7. 작가들은 3분 정도 자신의 이야기를 들려주고, 이어서 독자인 다른 학생들의
   질문을 받아 더 풍성하게 이야기를 나눕니다.

8. 총 7분 정도 지나면 학생들은 서로 모둠을 옮겨서 같은 방식으로 다른 작가와
   대화의 시간을 갖습니다.

9. 이런 식으로 정해진 시간 동안 진행해봅니다.

모둠: 4~8명 / 준비물: 포스트잇(성인 손바닥 크기), 사인펜

tip 하나: 인원에 따라 한 사람당 1~3개의 책 제목에 표시하도록 해요.

tip 둘: 인원에 따라 '오늘의 작가'를 몇 명 뽑을지 정해보세요.

tip 셋: 중간중간 남은 시간을 알려주세요.

tip 넷: 주제는 기억에 남는 선생님, 친구, 추억, 최근에 있었던 일 등 다양하게 할 수 있어요.

tip 다섯: 학생들이 '사람 책'(4-37 참고) 활동을 먼저 경험해보면 이 활동을 하는 데 도움이 돼요.

16 작가와의 대화 (2)

학생들이 작가가 되어 이야기를 나누는 놀이

1. '작가와의 대화 (1)'과 진행 방식은 동일하고 형태만 모둠별로 한다는 점이 다릅니다.

2. 먼저 모둠을 구성하여 모둠별로 앉습니다.

3. 모둠 안에서 작가를 모집하고 이야기를 선정합니다.

4. 선정된 주인공이 작가가 되어 '작가와의 대화 (1)' 방식과 같이 이야기를 나눕니다.

5. 모둠 안에 작가가 한 명 이상이면 순서를 정하여 모둠별로 진행하면 됩니다.

모둠: 6~10명 / 준비물: 포스트잇(성인 손바닥 크기), 사인펜

tip 하나: 인원에 따라 모둠별로 작가를 1~3명으로 정해보세요.

tip 둘: 작가와 대화를 마치면 메모지에 작가에게 한마디씩 따뜻한 응원을 남겨보도록 해요.

내가 겪은 일

다른 사람이 듣고 싶은
나의 이야기를 갖고 나누는 대화 놀이

1. 모둠별로 각자 '내가 겪은 일'이란 주제로 세 가지 정도 떠올린 뒤에 각각의 이야기에 어울리는 짧은 제목을 붙여서 쪽지에 씁니다.

2. 순서를 정하여 첫 번째 사람이 쓴 세 가지 제목을 보고 다른 사람들은 그중 가장 듣고 싶은 이야기 제목에 표시합니다.

3. 첫 번째 사람은 가장 많이 선택받은 제목에 얽힌 '내가 겪은 일' 이야기를 들려줍니다.

4. 이런 식으로 마지막 사람까지 이야기를 나눕니다.

모둠: 5~8명 / 준비물: 사인펜, 포스트잇

tip 하나: 선생님이 먼저 자신의 이야기로 시범을 보이거나 '내가 겪은 일'의 여러 예시를 들어주면 쉽고 즐겁게 참여할 수 있어요.

tip 둘: 이야기 선정 시 제목 정도만 소개해주고 선택하도록 해요.

tip 셋: 호기심을 자극하는 제목을 지어보도록 해요.

18 만약에

1. 모둠별로 둘러앉고 한 사람에 2장씩 쪽지를 나눠줍니다.

2. 쪽지에 '만약 내가 ~라면?' 형태의 질문을 자유롭게 생각해보고 종이에 쓰도록 합니다.

3. 쪽지 하나에 질문 한 개를 쓰면 됩니다.

4. 쪽지를 안 보이게 접은 뒤에 골고루 섞어서 모둠 중앙에 놓습니다.

5. 순서를 정해 한 사람씩 쪽지를 뽑아 질문에 대한 자기 생각을 말합니다.

6. 다른 사람 중 그 질문에 답하고 싶은 사람도 자유롭게 이야기를 나눕니다.

7. 이런 식으로 마지막 사람까지 해봅니다.

tip 하나: 선생님이 몇 가지 예시를 들어주세요.

tip 둘: 질문은 쉽고 가벼운 질문, 재밌는 상상을 해볼 수 있는 질문이 어울려요.

질문 예시

1. 내가 일일 선생님이 된다면?

2. 산으로 여행을 갔는데 텐트를 챙겨오지 않았다면?

3. 어느 날 우리 집 강아지와 몸이 바뀐다면?

4. 내게 미래를 볼 수 있는 초능력이 생긴다면?

5. 내가 유명 유튜버가 된다면?

6. 어느 날 사고로 기억을 다 잃어버린다면?

타이머 이야기 짓기 (1)

타이머를 맞춰놓고 나누는 이야기 놀이

1. 모둠별로 둥그렇게 앉습니다.

2. 선생님은 1분 또는 2분 타이머를 맞춰 놓고 제시어를 알려줍니다.

3. 모둠별로 첫 번째로 시작할 사람을 정합니다.

4. 시작되면 첫 번째 사람부터 제시어와 관련된 어떤 이야기든 상관없이
   한 문장으로 짧게 말하도록 하고 다른 한 사람의 이름을 외칩니다.

5. 예컨대 제시어가 음식이라면 '나는 새우를 못 먹어', '최고 맛있는 김밥은 땡초
   김밥!', '나는 라면을 끓이다 엎은 적이 있어'처럼 음식과 관련한 정보, 경험,
   생각 등 음식과 관련해 떠오르는 대로 빨리 말하면 됩니다.

6. 지목된 사람은 같은 방식으로 이어갑니다.

7. 타이머가 울릴 때 말하는 사람이 당첨이 되어 다른 사람에게 그 사람과 관련한
   질문들을 한두 개 받아서 대답해줍니다.

모둠: 4~8명 / 준비물: 타이머

tip 하나: 친구, 학교, 화장실, 여행 등 다양한 제시어를 줄 수 있어요.

tip 둘: 벌칙을 받는 분위기가 아니라 재밌고 편안하게 서로 알아가는 분위기가 되도록
   관심을 기울여주세요.

tip 셋: 타이머는 1~2분 정도가 적절해요.

타이머 이야기 짓기 (2)

타이머를 맞춰놓고 나누는 이야기 놀이

1. 선생님이 첫 문장을 제시합니다.

2. 시작되면 모둠별로 첫 번째 사람이 제시 문장에 이어서 짧은 한 문장으로 된 이야기를 짓습니다.

3. 순서대로 한 사람씩 바로바로 이야기를 만들어갑니다.

4. 1분이 지났을 때 타이머가 울리도록 합니다.

5. 타이머가 울릴 때 말하고 있는 사람이 당첨됩니다.

6. 그 사람은 다른 사람들에게 두세 가지 질문을 받아 대답해줍니다.

7. 이런 식으로 당첨된 사람부터 시작하여 다시 합니다.

모둠: 4~6명 / 준비물: 타이머

tip 하나: 질문지를 준비해 질문지에 있는 질문을 해도 좋고, 질문지에 없는 질문을 해도 좋아요.

tip 둘: 엉뚱하고 재밌는 이야기 전개에 서로 웃음이 나지요.

tip 셋: 타이머 시간은 집단에 맞게 조정할 수 있어요.

그런 고민 나도 있어

비슷한 고민으로 함께 생각을 나누는 놀이

1. 모둠별로 고민 표를 나눠줍니다.

2. 학생들은 표를 보고 각자 고민의 주제 하나를 골라 익명으로 그에 관련된 고민을 쪽지에 적습니다.

3. 쪽지를 접어서 골고루 섞습니다.

4. 한 사람씩 쪽지를 골라 읽고, 그와 비슷한 고민이 있는 사람들은 손을 들고 자신의 고민을 들려줍니다.

5. 이런 식으로 마지막 사람까지 해봅니다.

tip 하나: 익명으로 고민을 적고, 굳이 쪽지의 주인공을 밝히지 않도록 해요.

tip 둘: 나와 비슷한 고민을 가진 친구들을 통해 혼자만의 고민이 아님을 알게 되지요.

tip 셋: 고민에 대해 어떤 조언이나 충고도 하지 않고 있는 그대로 들어주고 공감해주도록 해요.

활동지 예시		
진로	공부	시험
외모	친구	꿈
습관	가족	중독
학교	수면	건강

뒤섞인 쪽지

뒤섞인 쪽지로 새로운 조합의
이야기를 만드는 놀이

1. 여러 모둠을 구성하여 개인당 펜과 쪽지 5장을 나눠줍니다.

2. 잠시 각자 내가 언제, 어디에서, 무엇을, 왜 했는지 기억을 하나 떠올립니다.

3. 과거의 특별한 일부터 오늘 있었던 일까지 어떤 기억도 좋습니다.

4. 첫 번째 쪽지에는 자기 이름을, 두 번째 쪽지에는 언제 그랬는지를, 세 번째
   쪽지에는 어디에서 그랬는지를, 네 번째 쪽지에는 무엇을 했는지를,
   다섯 번째 쪽지에는 왜 했는지를 적습니다.

5. 쪽지를 접어서 순서대로 번호를 매겨 같은 번호의 쪽지끼리 모아서 골고루
   섞어줍니다.

6. 한 사람씩 임의로 각 번호의 쪽지를 하나씩 가져갑니다.

7. 순서를 정하여 첫 번째 사람부터 1번 쪽지부터 펼쳐서 엉뚱한 조합의 새롭게
   만들어진 이야기를 보여줍니다.

8. 이런 식으로 마지막 사람까지 해봅니다.

9. 그런 뒤에 각 쪽지의 주인에게 돌려주어 원래 어떤 사연이었는지 알아봅니다.

모둠: 4~6명 / 준비물: 쪽지, 펜

tip 하나: '기영이는 생일날 화장실에서 요리를 했다. 키 크기 위해서' 같은 엉뚱한 조합의
새로운 문장에 웃게 되지요.

tip 둘: 한 번 더 하면 더욱 재밌게 해볼 수 있어요.

23 주사위 대화 여행

목적지로 가는 길에 이야기를 나누고
미션도 수행하며 즐기는 놀이

1. 모둠별로 주사위와 활동지를 나눠줍니다.

2. 한 명씩 순서대로 주사위를 던져서 나온 숫자만큼 말을 옮기고 해당 칸의
   질문에 답을 하거나 미션을 수행합니다.

3. 이런 식으로 누가 먼저 목적지에 도착하는지 알아봅니다.

출발	1 좋아하는 책은?	2 무서워하는 것은?
6 (학교, 집 제외) 평소 자주 가는 곳은?	7 뒤로 두 칸 이동하기	8 제자리에서 다섯 바퀴 돌기
11 갖고 싶은 성격은?	12 제자리에서 뛰며 자기 이름 3번 외치기	13 앞으로 두 칸 이동하기
17 친구들에게 귀여운 표정으로 하트 표현하기	18 로또에 당첨된다면?	19 한 번 쉬기
23 생일에 해보고 싶은 것은?	24 추천하고 싶은 재밌는 영상은?	25 최근에 재밌었던 일은?
29 질문 받아서 대답하기	30 부모님께 듣고 싶은 말은?	31 이전보다 실력이 향상된 것은?
35 부모님이 자주 하는 말은?	36 하루 중 가장 좋아하는 시간은?	37 고마운 친구와 고마운 점은?
41 질문 받아서 대답하기	42 오른쪽 사람에게 윙크하기	43 맨 뒤에 있는 사람과 자리 바꾸기
47 내가 잘하고 싶은 것은?	48 올해 목표가 있다면?	49 내가 기대하는 우리 반은?

3 태어난 곳은?	4 하루에 휴대폰 사용 시간은?	5 취미는?
9 질문 받아서 대답하기	10 좋아하는 색깔은? 그 이유는?	11 맨 앞 사람과 자리 바꾸기
14 자주 보는 영상은?	15 가족과 행복한 추억은?	16 배워보고 싶은 운동은?
20 오른쪽 사람에게 질문을 받아서 대답하기	21 지난 주말에 했던 것은?	22 내가 살고 싶은 집은?
26 가장 기억에 남는 꿈은?	27 내가 알고 있는 수수께끼나 넌센스 퀴즈는?	28 뒤로 세 칸 이동하기
32 한 번 더 던지기	33 내가 되고 싶은 어른은?	34 내가 좋아하는 TV 프로그램은?
38 가장 존경하는 사람은? 닮고 싶은 점은?	39 한 번 쉬기	40 "독도는 우리 땅" 크게 세 번 외치기
44 크게 다치거나 아팠던 경험은?	45 요즘 관심 갖고 있는 것은?	46 내가 열심히 수집해본 것은?
50 뒤로 세 칸 이동하기	51 꼭 만나보고 싶은 사람은?	도착

오늘의 기대

오늘 활동에서 기대하는 것과
다짐을 나누는 놀이

1. 모둠별로 활동지를 나눠줍니다.

2. 표에서 오늘 자신이 기대하는 내용이 있는지 살펴보고 2개씩 고릅니다.

3. 한 사람씩 오늘의 기대와 함께 그 기대가 이루어지도록 실천하고 싶은
   자신과의 약속을 말합니다.

4. 이런 식으로 마지막 사람까지 해봅니다.

tip 하나: 기대와 다짐을 포스트잇에 작성해서 모두가 보이는 곳에 붙여보고, 활동을 마친
뒤에 이것을 가지고 하루를 돌아볼 수 있어요.

tip 둘: 함께 만들어가는 시간임을 일러주고 기대한 바를 위해 자신이 할 수 있고 노력하고
싶은 부분이 무엇인지 생각해보도록 해요.

활동지				
재미있는	소중한 추억이 쌓이는	편안한	싸우지 않는	누구도 소외되지 않는
실컷 웃는	색다른 경험을 하는	축제 같은	자신감이 생기는	안전한
마음이 환하게 밝아지는	다 같이 즐거운	평화로운	서로 알아가는	신나는
다음에 또 하고 싶은	서로 친해지는	마음이 따뜻해지는	자유로운	감사한
스트레스가 풀리는	소중한 인연이 생긴	마음이 따뜻해지는	배움이 있는	서로 하나되는

같은 단어를 쓴 사람의 수만큼 점수를 얻는 놀이

1. 선생님이 '내가 해봤던 운동', '내가 좋아하는 간식' 등 제시어를 주면 각자 그에 해당하는 단어를 5개씩 쓰는 방식으로 2개의 제시어를 줍니다. 즉, 학생들은 총 10개의 단어를 쓰게 됩니다.

2. 모둠별로 순서를 정해 첫 번째 사람부터 다른 사람도 많이 적었을 것 같은 단어 하나를 말합니다.

3. 다 같이 "하나, 둘, 셋!" 말한 뒤 같은 단어를 쓴 사람은 "나도!"라고 외치며 손을 듭니다.

4. 말한 사람을 포함하여 손을 든 사람들은 그 수만큼 점수를 얻습니다. 예컨대 '가' 학생이 '귤'을 말했는데 '나'와 '다'가 손을 들었다면 '가', '나', '다' 친구들 모두 '귤' 옆에 3점이라고 쓰면 됩니다.

5. 만약 말한 단어를 혼자만 썼다면 그 단어에 대해 1점을 얻습니다.

6. 이런 식으로 순서대로 마지막 한 사람까지 단어가 남지 않을 때까지 해보고, 누가 가장 많은 점수를 얻었는지 알아봅니다.

7. 마지막으로 각자 30초씩 자신이 쓴 내용으로 자기를 소개하는 시간을 갖습니다.

모둠: 4~6명 / 준비물: 종이, 펜

tip 하나: 자기가 좋아하는 반찬, 한 번이라도 해봤던 운동(숨쉬기 포함) 등 서로 알아갈 수 있는 제시어가 좋아요.

tip 둘: 제시어를 달리하여 한 번 더 해봐도 좋아요.

오늘의 소감

오늘 소감에 맞는 표현을 골라서
이야기를 나누는 놀이

1. 모둠별로 둥그렇게 앉습니다.

2. 활동지를 보고 각자 오늘 활동 후에 드는 느낌과 생각에 어울리는 표현 3개씩
   표시합니다.

3. 모두 마치면 한 사람씩 돌아가면서 소감을 나눕니다.

tip 하나: 모둠 인원이 3~5명 정도면 활동지 하나에 모양이나 펜의 색깔을 달리하여
         다 같이 표시하는 게 좋아요.

tip 둘: 소감을 표현하는 내용은 다르게 바꿀 수 있어요.

놀이동산에 온 것 같아요	엄지 척!	마음이 날아갈 것 같아요
즐거워요	새로워요	더 친해졌어요
마음이 환하게 밝아졌어요	친구를 더 깊이 이해하게 됐어요	아, 행복해요
시간이 쏜살처럼 빨리 지나갔어요	강력 추천	마음을 조절하는 힘이 생겼어요
놀이 맛집!	규칙의 소중함을 깨달았어요	긍정적인 마음과 생각이 생겼어요
매일 오늘 같으면 좋겠어요	관계가 회복됐어요	미안해요

친구와 잘 지내는 법을 알게 됐어요	믿음이 생겼어요	우리가 하나가 된 것 같아요
자신감이 생겼어요	스트레스가 풀렸어요	편안해요
마음이 따뜻해요	여행 다녀온 것 같아요	마음의 힘을 얻었어요
천국에 온 기분이에요	참 좋았어요	많이 웃었어요
용기가 생겼어요	야호! 너무 신나요!	협동심이 생겼어요
다음에 또 하고 싶어요	감사해요	내가 소중한 사람이라고 느꼈어요

27 나만의 이야기

제시된 단어에 얽힌
나만의 이야기를 나누는 놀이

1. 모둠별로 다양한 제시어가 적힌 표를 나눠줍니다.

2. 순서를 정해 첫 번째 사람이 표에서 제시어를 하나 고릅니다.

3. 제시어를 고른 사람을 포함해 제시어와 관련해 떠오르는 자신의 이야기가 있는
   사람은 짧게 사연을 말합니다.

4. 이런 식으로 일정 시간 동안 해봅니다.

tip 하나: '?'를 고른 사람은 직접 제시어를 제시할 수 있어요.

tip 둘: 연령에 맞게 다양하고 적절한 제시어를 주세요.

tip 셋: 한 사람이 1분 이내로 말하는 것이 바람직해요.

tip 넷: 가로, 세로, 대각선으로 4개를 일직선으로 만들어 빙고로 해봐요. 누가 먼저 한 줄
       빙고를 만드는지 알아보는 방식으로 즐기면 더 재밌고, 적극적인 참여 분위기를
       촉진할 수 있어요.

체험학습	연애	학원	학교	대회	다이어트
엄마/아빠	습관	사고	요리	꿈	선생님
게임	돈	방과 후 수업	도전	여름	마라탕
명절	편의점	여행	강아지	?	고백
할 일	겨울	급식	병원	시험	비밀
친척	성공	생일	친구	오늘	놀이기구

28 누구인지 맞혀봐

그림의 주인공이 누구인지
그 사람의 특징을 듣고 알아맞히는 놀이

1. 모둠별로 둥그렇게 앉고 펜과 종이를 나눠줍니다.

2. 각자 학급 친구 중 한 명을 마음속에 떠올려보고 그 특징을 살려 얼굴을 그립니다.

3. 그림 옆에 그 친구의 신체적 특징이나 성격, 장점 등 한 가지를 씁니다.

4. 한 사람씩 그림을 보여주면 모둠의 다른 사람들은 누구인지 알아맞힙니다.

5. 잘 못 맞히면 중간중간 그 친구의 특징을 한 가지씩 더 알려줍니다.

6. 정답을 맞히면 같은 방식으로 마지막 사람까지 해봅니다.

tip 하나: 다른 친구들이 문제를 낸 친구에게 '예', '아니오'로 답할 수 있는 질문을 해서 힌트를 얻을 수도 있어요.

tip 둘: 놀이는 놀이일 뿐 서로 그림에 상처받지 않도록 일러주세요.

나 이런 사람이야

주사위 보드게임으로
자신을 소개하며 알아가는 놀이

1. 모둠별로 주사위 2개와 활동지를 나눠줍니다.

2. 주사위 하나는 가로, 하나는 세로로 정하고, 나온 숫자에 해당하는 칸의 질문에 답하거나 미션을 수행합니다.

3. 첫 번째 사람부터 돌아가면서 하는 방식으로 먼저 한 사람이 가로, 세로, 또는 대각선으로 3개가 한 줄이 나오면 "빙고!"를 외칩니다.

4. 일찍 끝난 모둠은 정해진 시간 동안 더 해봅니다.

	1	2	3
1	발 사이즈가 어떻게 돼?	너의 단점은 뭐라고 생각해?	가봤던 다른 도시나 나라는?
2	어느 계절을 가장 좋아해?	어디서 태어났어?	편의점에서 자주 사먹는 게 뭐야?
3	기억에 남는 선생님은 누구야?	학교에 어떻게 와?	어디에 살아?
4	외계인이 있다면 뭐 해보고 싶어?	종교가 어떻게 돼?	올해 너의 목표는 뭐야?
5	너는 어떤 운동을 좋아해?	키워보고 싶은 반려동물은?	너의 보물 1호는 뭐야?
6	시력이 어떻게 돼?	외국인 이름 3개 말해보겠어?	어떤 성격의 친구를 좋아해?

	4	5	6
1	좋아하는 만화나 영화는 뭐야?	네가 친한 친구는 누구야?	혈액형 또는 MBTI가 어떻게 돼?
2	너는 어떤 옷을 좋아해?	형제가 어떻게 돼?	네가 잘하는 것은 뭐가 있어?
3	요즘 배우고 있는 악기나 운동은?	학교에서 가장 좋아하는 시간은?	싫어하는 채소가 뭐야?
4	집에서 누구와 대화를 많이 해?	너의 장점은 뭐라고 생각해?	어떤 게임을 좋아해?
5	어떤 날씨를 좋아해? 싫어하는 날씨는?	이 세상에서 사라졌으면 하는 것은 뭐야?	꼭 가보고 싶은 나라는 어디야?
6	좋아하는 아이돌 가수는 누구야?	당황한 경험이 있다면?	무슨 아이스크림 좋아해?

자주 쓰는 물건의 입장에서 자신을 소개하면
다른 친구들이 그 물건이 무엇인지 맞히는 놀이

1. 각자 마음속으로 자주 쓰는 물건을 떠올립니다.

2. 모둠별로 첫 번째 사람부터 그 물건이 되어 자신을 30초 정도 소개합니다.

3. 다른 사람들은 소개를 다 듣고 나서 그 물건이 무엇인지 맞혀봅니다.

4. 이런 식으로 마지막 사람까지 해봅니다.

모둠: 5~8명

tip 하나: 소개한 사람에게 두세 가지 정도 질문을 해서 더 많은 정보와 생각을 듣고
알아가는 시간을 가져보세요.

tip 둘: 물건 외에 신체 기관도 포함할 수 있어요.

tip 셋: 선생님이 먼저 시범을 보여주면 놀이 이해를 도울 수 있어요.

이럴 땐 어떻게?

가상의 고민 상황에 나라면 어떻게 할지
생각을 나누는 놀이

1. 순서를 정하여 첫 번째 사람부터 주사위 2개를 던집니다.

2. 나온 두 수의 차이만큼 앞으로 이동합니다.

3. 도착한 칸에 적힌 질문을 확인하고 주사위를 던진 사람을 제외한 사람들이
   자신이라면 어떻게 할지 한마디씩 말합니다.

4. 이런 식으로 진행하여 목적지까지 가장 먼저 도착하는 한 사람이 나올 때까지
   해봅니다.

tip 하나: 놀이 규칙은 추가하거나 수정할 수 있어요.

tip 둘: 모둠별로 재밌거나 최고의 답을 찾은 질문을 2~3가지씩 뽑아서 발표해볼 수도
있어요.

출발	10 친한 친구에게 너무 슬픈 일이 생긴다면?	21 시험을 망친다면?
1 집에 밥이 없는데 배고프다면?	11 비 오는 날 우산이 없다면?	22 친구가 내가 싫어하는 장난을 계속한다면?
2 상처받지 않게 친구의 부탁을 거절하고 싶다면?	13 좋아하는 친구 앞에서 양말에 구멍이 난 사실을 발견한다면?	23 너무 말라서 살을 찌우고 싶다면?
3 갖고 싶은 것을 부모님이 반대한다면?	14 바로 앞 사람과 자리 바꾸기	24 뒷사람과 자리 바꾸기
4 싸운 친구와 화해하고 싶다면?	15 참기 어려울 만큼 화가 난다면?	25 화장실에서 볼 일을 마쳤는데 화장지가 없다면?
5 앞으로 세 칸	16 살이 많이 쪄서 빼고 싶다면?	26 사고 싶은 것을 위해 돈을 모으고 싶다면?
6 하고 싶은 일과 해야 할 일이 동시에 있다면?	17 부모님이 싸워서 화해할 수 있게 돕고 싶다면?	27 내가 일 년만 살 수 있다는 걸 알게 된다면?
7 외출복을 다 빨았는데 중요한 만남에 가야 하는 상황이라면?	18 누군가 친구들에게 왕따를 당한다면?	28 친구가 날 속이고 있다는 걸 안다면?
8 화장실 변기가 막힌 상황인데 갑자기 똥이 마렵다면?	19 뒤로 두 칸	29 친해지고 싶은 친구가 생긴다면?
9 수업 시간에 교과서가 없다면?	20 부모님께 효도하고 싶다면?	30 한 번 더 던지기

31 어떤 친구에게 친구가 한 명도 없다는 걸 안다면?	41 누군가 나에 대해 험담하는 걸 알게 된다면?
32 여러 친구가 한 친구를 괴롭히는 걸 발견한다면?	42 한 번 쉬기
33 선생님께 거짓말했다가 들킨다면?	43 모르는 친구가 혼자 울고 있다면?
34 밤에 잠이 잘 안 온다면?	44 친구가 나를 때린다면?
35 누군가 날 좋아하는 걸 알게 된다면?	45 용돈을 벌고 싶다면?
36 놀이 규칙을 계속 어기는 친구가 있다면?	46 시험을 망쳐서 스트레스를 풀고 싶다면?
37 하고 싶은 것을 부모님이 반대한다면?	47 계속 부정적인 생각이 든다면?
38 뒤로 네 칸	48 한 번 쉬기
39 부자가 되고 싶다면?	49 기운이 없을 때 힘이 나게 하려면?
40 내게 화가 난 부모님의 마음을 풀어주고 싶다면?	도착

숫자 지우기 대화 (1)

주사위를 던져서 나온 숫자에 해당하는
질문에 답하는 놀이

1. 모둠별로 주사위랑 활동지와 펜을 하나씩 나눠줍니다.

2. 순서를 정하여 첫 번째 사람부터 주사위를 던져서 나온 숫자에 해당하는 질문
   중 하나에 대답합니다.

3. 만약 숫자 3이었다면 활동지에 'O' 표시를 합니다. 다른 사람 차례에 같은
   숫자가 나오면 그 사람도 그 숫자에 있는 질문 중 하나를 골라서 답하고 'O'가
   아닌 '♡'와 같이 다른 표시를 하면 됩니다.

4. 이런 식으로 한 사람씩 돌아가면서 진행합니다.

5. 먼저 숫자 6개에 한 번씩 다 대답한 사람이 나올 때까지 합니다.

tip: 일정 시간을 정해서 최대한 많은 숫자를 지우는 방식으로 해도 돼요.

모둠: 3~4명 / 준비물: 주사위, 펜, 활동지

숫자	질문			
1	오른쪽 친구의 장점 세 가지는?	남에게 잘 알려줄 수 있는 것은?	무엇을 잘하고 싶어? 잘하기 위해 어떤 노력이 필요할까?	자신감이 생길 때는? 자신감이 생겼던 일을 들려줄래?
2	주로 언제 속상해? 속상할 때는 보통 어떻게 풀어?	보고 싶은 사람이 있니? 그 사람에 대해 들려주겠어?	요즘 즐거웠던 적이 언제야? 무엇 덕분에 즐거웠어?	최근에 짜증나거나 화난 적 있어? 어떤 일 때문에 그랬어?
3	복을 위해 가장 중요하다고 생각하는 세 가지는 뭐야?	요즘 감사한 일은? 한 가지 더 들려주겠어?	생각만 해도 기분 좋아지는 일이 있다면?	요즘 행복해? 어떤 일로 행복하니? 만약 아니라면 그 이유는 뭘까?
4	가장 좋아하는 날씨는? 그 이유는 뭐야?	하루에 휴대폰을 사용하는 시간은? 주로 무엇을 봐?	요즘에 관심 생긴 게 뭐가 있어?	부모님께 어릴 때 혼난 적 있어? 어떤 일로 혼났어?
5	친구들에게 듣고 싶은 말이 뭐야? 그 이유가 뭘까?	네게 고마운 친구는 누구야? 어떤 점이 고마워?	우리 반에 누가 좋은 친구라고 생각해? 어떤 점이 좋아?	좋은 친구가 되기 위해 바꾸고 싶은 것이 있다면?
6	우리 반의 장점은 뭐라고 생각해?	더 나은 우리 반이 되기 위해 무엇이 필요하다고 생각해?	학교나 학급에서 즐겁거나 행복했던 추억은 뭐가 있어?	네가 선생님이 된다면 무엇을 해보고 싶어?

숫자 지우기 대화 (2)

주사위를 던져서 나온 숫자에 해당하는
질문에 답하는 놀이

1. 모둠별로 주사위 2개랑 활동지와 펜을 하나씩 나눠줍니다.

2. 순서를 정하여 첫 번째 사람부터 주사위 2개를 던져서 나온 숫자를 확인합니다.

3. 숫자가 5와 6이 나왔다면 선택할 수 있는 숫자는 5, 6, 11(5+6), 이 세 가지
   입니다.

4. 이 세 가지 숫자 중 하나를 골라 그 숫자에 해당하는 질문 중 하나에 답하고
   그 숫자를 지웁니다.

5. 다른 사람이 이미 표시한 숫자에 다시 표시할 수 없으며, 선택할 수 있는 숫자가
   없으면 질문만 하나 골라서 답하고 다음 사람에게 차례가 넘어갑니다.

6. 이런 식으로 12개의 숫자가 다 지워질 때까지 해보고 누가 더 많은 숫자를
   지웠는지 알아봅니다.

tip 하나: 각자 모양을 달리해서 표시해야 알아보기 쉬워요.

tip 둘: 먼저 끝난 모둠은 아직 답하지 않은 질문으로 자유롭게 이야기를 나누면서
       기다리도록 해요.

tip 셋: 둘씩 팀을 이루어서 해볼 수도 있어요.

숫자	질문		숫자
1	머리카락 없는 것과 이빨 없는 것 중 하나를 고른다면?	사계절 추운 나라와 더운 나라 중 어디에서 살겠어?	1
2	학교에서 좋아하는 공간은?	학교에서 기억에 남는 추억은?	2
3	보통 몇 시쯤에 자?	보통 몇 시에 일어나?	3
4	하기만 하면 성공하는 능력이 생긴다면? (단 한 번만)	내가 말한 대로 실제로 이루어진다면? (단 한 번만)	4
5	일 년 중 가장 좋아하는 날은?	지난 주말에 뭐했어?	5
6	가장 친한 친구는 누구야?	어떤 친구가 되고 싶어?	6
7	자주 가는 곳은 어디야?	자주 듣는 말은 뭐야?	7
8	어떤 능력을 더 키우고 싶어?	어떤 습관을 더 기르고 싶어?	8
9	어릴 때 좋아했던 만화는?	어릴 때 생각나는 기억은?	9
10	싫어하는 음식이 뭐야?	싫어하는 과목이 뭐야?	10
11	친구 사이에 지켜야 할 것은 뭐라고 생각해?	친구 관계를 깨뜨리는 게 뭐라고 생각해?	11
12	어떤 종류의 이야기를 좋아해?	어떤 종류의 노래를 좋아해?	12

나 이런 적 있어

누구나 해봤을 경험을 소재로
이야기를 나누는 놀이

1. 모둠별로 순서를 정해 첫 번째 사람부터 표를 보고 나와 비슷한 경험을 해본 사람이 가장 많을 것 같은 것을 하나 고릅니다.

2. 예컨대 '나는 거짓말해서 부모님께 들킨 적이 있어'를 골랐다고 합시다.

3. 다 같이 "하나, 둘, 셋!"을 말한 뒤에 비슷한 경험이 있는 사람은 "나도!"라고 외치며 손을 듭니다. 이때 세 명이 손을 들면 3점을 얻습니다.

4. 이어서 첫 번째 사람을 비롯해 손을 든 사람들은 짧게 어떤 사연이 있는지 이야기를 나눕니다.

5. 이런 식으로 마지막 사람까지 해봅니다.

tip 하나: 점수를 많이 얻을수록 예측을 잘한 셈이에요.

tip 둘: 스스로 정직하게 하고 다른 사람의 양심을 믿어주도록 해요.

tip 셋: 서로 비슷한 경험을 통해 자연스럽게 공감대가 형성되고 더욱 친밀해져요.

tip 넷: 어느 순간 점수는 잊고 즐겁게 이야기 나누는 서로를 발견할 거예요.

나는 거짓말해서 부모님께 들킨 적이 있다	나는 학교 숙제를 안 한 적이 있다	나는 코로나에 걸린 적이 있다	나는 어젯밤에 게임을 했다
나는 길을 가다가 돈을 주운 적이 있다	나는 머리를 파마하거나 염색한 적이 있다	나는 늦잠을 자서 지각한 적이 있다	나는 대회나 시합에 나간 적이 있다
나는 올해 병원에 가본 적 있다	나는 친구랑 크게 싸운 적이 있다	나는 반려동물을 키운 적이 있다	나는 혼자서 라면을 끓여 먹은 적이 있다
나는 초등학생 때 이사를 한 적이 있다	나는 다른 사람을 몰래 도와준 적이 있다	나는 비행기를 탄 적이 있다	나는 한 번이라도 잘한다는 말을 들어본 적이 있다

주제별로 만나서 대화해요

자유롭게 관심 있는 주제별로 만나서
대화를 나누는 놀이

1. 모둠별로 둘러앉을 수 있도록 책상과 의자를 배치하고 모둠마다 대화의 주제를 달리하여 책상 위에 표시합니다.

2. 예컨대 주제는 '학교에 생겼으면 하는 시설', '만약에 내가 부자가 된다면?', '내가 아는 웃긴 이야기', '내가 친구들과 꼭 해보고 싶은 것' 등 인원수에 따라 3~5개 정도 정합니다.

3. 최대한 한 주제에 6~8명만 앉을 수 있도록 하여 관심 있는 주제의 모둠으로 이동합니다.

4. 다 자리에 앉으면 5분의 시간을 주고 모둠별로 자유롭게 대화를 나눕니다.

5. 선생님은 시간이 다 되면 알려주고 원하는 곳으로 자리를 이동하도록 하여 같은 방식으로 계속해봅니다.

tip 하나: 인원에 따라 모둠 인원을 조정하고 이야기 주제도 집단에 따라 정해보세요.

tip 둘: 특정 사람만 이야기하지 않도록 미리 집단의 약속과 방법을 나누세요.

tip 셋: 선생님은 중간중간 남은 시간을 알려주세요.

대화의 약속

1. 다른 사람의 이야기를 귀 기울여 듣습니다.

2. 중간에 말을 끊지 않고 끝까지 듣습니다.

3. 한 사람만 혼자서 오래 말하지 않습니다.

4. 침묵을 존중합니다.

난 절대 그런 적 없어

해당하는 사람이 가장 적을 것 같은
제시문을 고르고 해당 주인공을 알아보는 놀이

1. 순서를 정하여 첫 번째 사람부터 해당하는 사람이 가장 적을 것 같은 제시문 하나를 선택합니다.

2. 예컨대 첫 번째 사람이 '나는 절대 거짓말을 한 적이 없다'를 골랐다면 다 같이 "하나, 둘, 셋!"을 외친 뒤에 여기에 해당하는 사람은 손을 듭니다.

3. 이때 제시문을 고른 사람을 포함해 세 명이 손을 든다면 첫 번째 사람은 3점을 얻게 됩니다. 점수가 적을수록 예측의 달인이 됩니다.

4. 이어서 첫 번째 사람이 손을 안 든 사람 중에 두 사람을 선택하면 그 사람들은 제시문 아래 적힌 질문에 답을 합니다.

5. 이런 식으로 마지막 사람까지 서로 이야기를 나누고 가장 낮은 점수를 얻은 사람이 누구인지도 알아봅니다.

tip 하나: 집단에 맞게 제시문과 질문을 변형하거나 달리하여 사용해보세요.

tip 둘: 정해진 시간 안에서 순서를 따라 한 번 이상씩 해보세요.

tip 셋: 둘씩 짝을 이루어 짝과 할 수도 있어요.

나는 절대 거짓말을 한 적이 없다. 질문: 어떤 거짓말을 해봤어?	나는 절대 선생님께 혼난 적이 없다. 질문: 무슨 일로 혼이 났어?	나는 절대 귀신 나온 꿈을 꾼 적이 없다. 질문: 어떤 꿈을 꿔보고 싶어?
나는 절대 놀다가 운 적이 없다. 질문: 가장 좋아하는 놀이는 뭐야?	나는 절대 물건을 훔친 적이 없다. 질문: 어떤 일이 있었어?	나는 절대 친구를 험담한 적이 없다. 질문: 친한 친구가 날 험담하고 다니는 걸 알게 된다면?
나는 절대 친구를 괴롭힌 적이 없다. 질문: 친구에게 이것만큼은 해서는 안 된다고 생각하는 건 뭐야?	나는 절대 주먹질하며 싸운 적이 없다. 질문: 누구랑 어떤 일로 싸웠어?	나는 절대 아프다고 조퇴한 적이 없다. 질문: 어떤 일로 조퇴했어?
나는 절대 친구들에게 욕을 한 적이 없다. 질문: 주로 언제 욕이 나와? 욕에 대해서 어떻게 생각해?	나는 절대 치킨 한 마리를 혼자 먹은 적이 없다. 질문: 어떤 치킨을 좋아해?	나는 절대 쓰레기를 바닥에 버린 적이 없다. 질문: 어떤 거짓말을 해봤나요?
나는 절대 학원을 다닌 적이 없다. 질문: 어떤 학원을 다녔어? 기회가 있다면 어떤 학원을 다녀보고 싶어?	나는 절대 말을 타본 적이 없다. 질문: 어디에서 말을 타봤어? 말을 타본 느낌이 어때?	나는 절대 공포 영화를 본 적이 없다. 질문: 어떤 종류의 영화를 가장 좋아해? 재밌게 봤던 영화는 뭐야?
나는 절대 수업 시간에 졸아본 적이 없다. 질문: 어떤 시간에 졸아봤어? 수업 시간에 졸음을 깨우는 방법이 뭐가 있을까?	나는 절대 비행기를 타본 적이 없다. 질문: 비행기 타고 어디 가봤어? 그곳에서 무엇을 했어?	나는 절대 연예인을 직접 만난 적이 없다. 질문: 누구를 만났어? 앞으로 만나보고 싶은 사람은 누구야?
나는 절대 텃밭을 가꿔본 적이 없다. 질문: 텃밭에서 무엇을 길러봤어? 텃밭에서 키워보고 싶은 것은 뭐야?	나는 절대 선생님을 "엄마"나 "아빠"라고 부른 적이 없다. 질문: 기억에 남는 선생님은 누구야? 어떤 분이셨어?	나는 절대 수술해본 적이 없다. 질문: 어디가 아파서 수술을 했어?

37 나에게 어울리는 말

나와 다른 사람이 생각하는
'소중한 나'에 대해 알아가는 놀이

1. 모둠별로 둘러앉습니다.

2. 활동지에 자기 이름을 쓰고 오른쪽 사람에게 건네줍니다.

3. 칭찬의 말 중 종이에 적힌 사람에게 어울리는 단어 한두 개를 골라서 적은 다음 바로 오른쪽 사람에게 건네줍니다.

4. 이런 식으로 자신의 종이를 다시 받을 때까지 합니다.

5. 다음으로 다른 사람들이 써준 말 중 새롭게 다가오거나 힘이 되는 말을 씁니다.

6. 마지막으로 자신이 어떤 사람이 되고 싶은지 3개의 단어를 고릅니다.

7. 마치면 모둠 안에서 적힌 내용을 가지고 한 사람씩 순서대로 나눕니다.

_____ 에게 어울리는 말		
귀엽다	재미있다	잘 도와준다
그림을 잘 그린다	춤을 잘 춘다	기발하다
글을 잘 쓴다	예의 바르다	감수성이 풍부하다
기억력이 좋다	배울 점이 많다	뚝딱뚝딱 잘 만든다
운동 신경이 뛰어나다	끈기 있다	새로운 아이디어를 잘 낸다
다른 사람과 쉽게 친해진다	긍정적이다	정리정돈을 잘한다
친절하다	부드러운 말과 행동을 한다	이해심이 깊다
말을 조리있게 한다	든든하다	용기 있다
책임감이 있다	협력을 잘한다	편안하다
자신감이 넘친다	신중하다	주변 분위기를 밝게 한다
잘 웃는다	약속을 잘 지킨다	잘 기다려준다
꼼꼼하다	앞장서서 한다	진심으로 들어준다

1. 친구에게 어울리는 말을 써주세요.

2. 친구들이 써준 말 중 새롭게 다가오거나 힘이 되는 말을 써주세요.

3. 어떤 사람이 되고 싶은지 3개의 단어를 골라보세요.

38 나를 상징하는 물건

나를 상징하는 물건을 소개하는 놀이

1. 자신을 상징하는 물건을 떠올립니다.

2. 모둠별로 한 사람씩 물건에 대한 사연을 소개합니다.

3. 이런 식으로 마지막 사람까지 해봅니다.

모둠: 5~8명

tip 하나: 모둠별로 일정 시간을 주고 한 사람당 할애하는 적절한 시간을 알려주어 서로
시간을 지키고 관리할 수 있도록 도와주세요.

tip 둘: 한 사람이 소개를 마칠 때마다 한두 가지 질문을 통해 더 알아가는 시간을 가져보세요.

모양 수집 대화

1. 모둠별로 활동지와 펜 1개와 주사위 2개씩 나눠줍니다.

2. 첫 번째 사람부터 주사위 2개(하나는 가로, 하나는 세로)를 던져서 해당 칸에 적힌 질문에 답을 하거나 미션을 수행하고 해당 칸에 작게 표시를 합니다.

3. 이런 식으로 돌아가면서 한 사람씩 합니다.

4. 먼저 모양별로 하나씩 다 수집한 사람이 나올 때까지 합니다.

tip: 모양 대신 색깔로 구분하여 색깔별로 하나씩 모으는 방식으로 할 수 있어요.

	1	2	3
1	◆ 내가 최고의 발명가라면?	◆ 내가 유명한 아이돌 가수라면?	♣ 요즘 나의 고민은?
2	◆ 내가 어른이 된다면?	◆ 일 년만 살 수 있다면?	♣ 요즘 내게 있었던 일은?
3	◆ 기회가 되면 하고 싶은 봉사는?	◆ 한 가지 소원을 빈다면?	♣ 요즘 자주 하는 말은?
4	♥ 친구들에게 듣고 싶은 말은?	♥ 친구들과 대화하고 싶은 주제는?	● 휘파람으로 노래 한 곡 부르기
5	♥ 칭찬하고 싶은 친구와 그 이유는?	♥ 친구를 잘 사귀는 세 가지 방법은?	● 제자리에서 "만세" 세 번 외치기
6	♥ 돈보다 중요하게 생각하는 것은?	♥ 꿈을 찾기 위해 필요한 세 가지는?	● 좌우로 눈알 10번 굴리기

	4	5	6
1	♣ 요즘 내게 필요한 것은?	■ 친구에게 도움을 받은 경험은?	■ 누군가 도움을 줬던 경험은?
2	♣ 요즘 나 자신에게 점수를 준다면?	■ 상을 타본 경험은? 어떤 상이었나요?	■ 거짓말하다가 들켰던 경험은?
3	♣ 요즘 재밌었던 일은?	■ 새로운 것을 배웠던 경험은?	■ 꼭 한 번쯤 해보고 싶은 체험학습은?
4	● 발로 자기 이름 쓰기	★ 만 원으로 행복해질 수 있는 방법은?	★ 내가 가장 살고 싶은 하루는?
5	● 발레 동작으로 다섯 바퀴 돌기	★ 내가 바라는 학교는?	★ 내가 좋아하는 책은?
6	● 개구리처럼 3번 점프하기	★ 내가 가족을 위해 하고 싶은 일은?	★ 내가 제일 좋아하는 놀이는?

도대체 누구일까?

주인공이 누군지 모른 채 그 인물에 대한 질문에
상상한 대로 대답해주는 엉뚱한 인터뷰 놀이

1. 모둠별로 순서를 정하여 첫 번째 사람은 술래가 되어 고개를 숙입니다.

2. 선생님은 학생들에게 칠판에 주인공을 공개합니다. 주인공은 선생님 또는 학급 친구들로 합니다.

3. 술래는 한 명씩 손을 들어 주인공에 관해 물어봅니다.

4. 술래는 주인공이 누군지 모른 채, 마치 아는 것처럼 질문에 대답합니다.

5. 예컨대 주인공이 '담임선생님'이라고 합시다. 학생들은 술래에게 "이 사람과 어떻게 알게 됐나요?", "이 사람과 무엇을 해봤나요?", "이 사람은 무엇을 잘하나요?" 식으로 질문합니다.

6. 술래는 '담임선생님'인 줄 모르고 "아주 친하죠. 가족 같은 사이입니다", "방학 때 계곡에서 함께 물놀이를 했죠", "딱지치기를 잘해요"처럼 엉뚱한 대답을 내놓기 마련입니다.

7. 이렇게 이야기를 이어가다가 적절할 때 정답을 밝힙니다.

8. 술래를 바꿔서도 해봅니다.

모둠: 5~8명

tip 하나: 이 놀이는 능청스럽게 질문하고 대답하는 과정이 재미있어요. 저절로 웃음이 나지요. 때론 정답을 알고 있는 것처럼 절묘한 대답이 나와 놀라기도 해요.

tip 둘: 정답을 공개하기 전에 술래가 정답을 맞혀봐도 재미있어요.

tip 셋: 모둠이 아닌 전체로 할 수도 있어요.

숫자 문답 고사

자신에 대해 문제를 내고 서로 맞혀보면서
알아가는 놀이

1. 선생님이 먼저 숫자를 제시하고 3개의 보기를 줍니다. 보기는 선생님에 관한
   것이어야 합니다.

2. 예컨대 숫자 2라고 말한 뒤에 보기는 '① 자녀 수 ② 연애 횟수 ③ 하루 밥 먹는
   횟수' 식으로 줄 수 있습니다.

3. 학생들은 손가락을 펴서 정답을 맞힙니다.

4. 이런 식으로 모둠별로 각자 두 문제를 출제하고 한 사람씩 돌아가면서 문제를
   내면 다른 사람들이 맞혀봅니다.

5. 마지막 사람까지 해보고 누가 가장 많이 맞혔는지 알아봅니다.

모둠: 5~6명 / 준비물: 종이, 펜

tip 하나: 엉뚱한 보기에 웃음이 나기도 해요.

tip 둘: "선생님은 결혼 안 했고요, 연애는 그것보다는 많이 했어요. 건강을 위해 하루 두 끼만
먹어요"처럼 보기와 관련해 짧게 사연을 들려주세요.

42 내가 직접 만드는 명언

명언의 한 부분을 빈칸으로 만들어 거기에
자기 생각을 넣어서 이야기를 나누는 놀이

1. 선생님은 명언의 한 부분을 빈칸으로 만들어서 보여줍니다.

2. 예컨대 [우정은 한 사람이 다른 사람에게 이렇게 말할 때 탄생한다. "＿＿＿＿＿"]
   식입니다.

3. 모둠별로 각자 빈칸에 들어갈 말을 1분 동안 자기 생각대로 서너 가지씩
   써봅니다.

4. 모둠 안에서 한 사람씩 쓴 내용을 나눕니다.

5. 모둠별로 재밌는 내용을 하나씩 골라서 발표해봅니다.

6. 마치면 명언 전체 문장을 공개하며, 짧게 그 의미를 들려줍니다.

7. 이런 식으로 다른 명언으로도 한 번 더 해봅니다.

tip 하나: '가장 좋은 거울은 ＿＿＿＿＿'(조지 허버트)과 같은 명언을 주면 엉뚱하고 재밌는
         이야기들이 쏟아져 나오면서 많이 웃기도 해요[정답: 오랜 친구입니다].

tip 둘: 친구, 우정 외에 다른 주제의 명언으로도 할 수 있어요.

tip 셋: 오늘의 가장 웃긴 명언, 가장 비슷한 명언 등을 뽑아보세요.

친구, 우정 명언 예시

1. 새로운 친구의 좋은 점은 그들이 당신의 영혼에 새로운 에너지를 가져다준다는 것입니다. (샤나 로드리게스)

2. 저는 빛 속에서 혼자가 아니라 어둠 속에서 친구와 함께 걸을 것입니다. (헬렌 켈러)

3. 아픈 친구 옆에 조용히 앉아 있는 것이 우리가 줄 수 있는 최고의 선물일 수 있습니다. (작자 미상)

4. 친구는 상처 입은 마음을 위한 약이고, 희망적인 영혼을 위한 비타민입니다. (스티브 마라 볼리)

5. 친구를 얻는 유일한 방법은 스스로 친구가 되는 것입니다. (랄프 윌도 에머슨)

6. 가장 좋은 거울은 오랜 친구입니다. (조지 허버트)

7. 고난과 불행이 찾아올 때에 비로소 친구가 친구임을 안다. (이태백)

8. 가장 귀중한 재산은 사려가 깊고 헌신적인 친구이다. (다리우스)

9. 어떠한 때에도 곁에 있는 것이 참된 친구이다. (솔로몬 왕)

10. 나의 친구는 세 종류가 있다. 나를 사랑하는 사람, 나를 미워하는 사람 그리고 나에게 무관심한 사람이다. 나를 사랑하는 사람은 나에게 유순함을 가르치고 나를 미워하는 사람은 나에게 조심성을 가르쳐준다. 그리고 나에게 무관심한 사람은 나에게 자립심을 가르쳐준다. (J. E 딩거)

11. 모험을 하지 않으면 누구하고도 친구를 만들 수 없다. (데이비드 토머스)

12. 친구, 그 뜻은 '내 슬픔을 등에 지고 가는 자' (인디언 속담)

13. 우정은 한 사람이 다른 사람에게 이렇게 말할 때 탄생한다. "뭐라고? 너도 그래? 나만 그런 줄 알았는데!" (C. S 루이스)

14. 좋은 친구가 생기기를 기다리는 것보다 스스로 누군가의 친구가 되었을 때 행복하다. (버틀런트 러셀)

15. 친구는 나의 기쁨을 배로 하고 슬픔을 반으로 한다. (마르쿠스 툴리우스 키케로)

16. 우정은 날개 없는 사랑이다. (조지 고든 바이런)

질문 쪽지 모으기

수집한 질문 쪽지로 모둠별로
이야기를 나누는 놀이

1. 모둠별로 15개씩 질문 쪽지(먹이)를 나눠줍니다.

2. 모둠 안에서 한 명은 여왕개미, 나머지는 일개미가 되어 모든 쪽지는
   여왕개미가 갖습니다.

3. 시작되면 일개미들은 여왕개미에게 쪽지를 하나씩 받아서 다른 모둠의
   일개미와 만나 가위바위보를 합니다.

4. 비기면 쪽지를 교환하고, 승부가 결정 나면 이긴 사람이 진 사람의 쪽지를
   얻습니다.

5. 진 사람은 모둠의 여왕개미에게 다시 쪽지 하나를 받고, 이긴 사람은 얻은 쪽지
   하나를 여왕개미에게 갖다 줍니다.

6. 이런 식으로 일정 시간 동안 한 뒤에 어느 모둠이 가장 많은 쪽지를 모았는지
   알아봅니다.

7. 이어서 모둠별로 모은 쪽지를 골고루 섞습니다.

8. 한 사람에 하나씩 뽑아 질문에 답하는 식으로 일정 시간 돌아가면서 이야기를
   나눕니다.

모둠: 4~6명 / 준비물: 질문 쪽지, 펜

tip 하나: 같은 질문이 섞여 있어도 괜찮아요.

tip 둘: 먹이(쪽지)가 적은 모둠에는 조금씩 나눠주도록 해요.

tip 셋: 시간 여유가 있다면 뽑은 질문에 두세 사람이 답해보세요.

미완성 문장

1. '더 늦기 전에 (   ) 할 것이다'처럼 미완성 문장을 제시합니다.

2. 학생들은 각자 생각하는 대로 빈칸에 들어갈 말을 세 가지 정도 씁니다.

3. 모둠별로 한 사람씩 돌아가면서 자기가 쓴 내용을 넣어 읽어주고 그렇게 쓴 이유를 잠시 들려줍니다.

4. 이런 식으로 마지막 사람까지 해봅니다.

모둠: 5~8명 / 준비물: 종이, 펜

tip 하나: 정답이 있는 게 아니라 자기 생각을 자유롭게 쓰도록 해요.

tip 둘: '인기 많은 친구보다 (   ) 친구가 낫다', '오래 사는 것보다 (   )이/가 낫다', '(   ) 한 친구가 좋다', '나는 (   )이 크다' 등 쉽게 채워 넣을 수 있고 서로의 생각을 알아볼 수 있는 문장이 좋아요.

45 이건 내 전문이지

자신이 정말 잘 알고 잘하는 것으로
이야기를 나누는 놀이

1. 모둠별로 둥그렇게 앉습니다.

2. 각자 자신이 잘 알거나 잘하는 것을 생각해보고 쪽지에 적습니다.

3. 쪽지를 접어서 모든 쪽지를 가운데 모아 골고루 섞어줍니다.

4. 첫 번째 사람이 쪽지 하나를 뽑아 공개하면 다른 사람들은 쪽지의 주인공이
   누구인지 맞힙니다.

5. 정답이 밝혀지면 주인공은 선생님/강사가 되어 자신이 적은 내용을 1분 정도
   보여주거나 알려줍니다.

6. 이런 식으로 마지막 사람까지 해봅니다.

모둠: 5~8명 / 준비물: 종이, 펜

tip 하나: '라면 맛있게 끓이기', '마술', '태권도 품새', '그리스 신화', '게임' 등 그 자리에서
   설명할 수 있거나 보여줄 수 있는 것을 적도록 해요.

tip 둘: 주인공에게 궁금한 점을 질문하여 이야기를 더 들어볼 수 있어요.

tip 셋: 한 사람씩 이야기를 마치면 그 사람에게 환호와 함께 박수를 건네도록 해요.

세 가지를 말해요

해당 칸의 질문에 세 가지 정답을
말하면서 먼저 목적지에 이르는 놀이

1. 순서를 정하여 첫 번째 사람부터 주사위를 던집니다.

2. 나온 숫자만큼 앞으로 이동하고, 그 칸에 적힌 질문에 해당하는 세 가지를
   답하거나 적혀 있는 지령대로 움직입니다.

3. 이런 식으로 한 사람씩 돌아가면서 진행합니다.

4. 먼저 목적지에 도착하는 두 사람이 나올 때까지 해봅니다.

tip 하나: 벌칙을 두지 않고 편안하게 즐기는 게 바람직해요.

tip 둘: 중간에 빈칸을 두고 학생들이 직접 의논하여 '맨 뒤에 있는 사람과 자리 바꾸기',
'앞으로 세 칸'과 같은 지령을 직접 만들어보게 해도 재있어요.

출발	10 내 기분을 좋게 하는 말	21 좋아하는 유형의 친구
1 좋아하는 간식	11 내가 좋아하는 간식	22 부모님이 하지 말라고 하는 것
2 좋아하는 과목	13 1등과 자리 바꾸기	23 친구 사이에 하지 말아야 하는 것
3 잠자기 전에 하는 일	14 학교에서 해보고 싶은 일	24 뒷사람과 자리 바꾸기
4 내 방에 있는 물건	15 자주 보는 방송	25 할 줄 아는 것
5 앞으로 세 칸 이동	16 선생님이 좋은 점	26 잘 못 하는 것
6 자주 하는 말	17 무서워하는 것	27 잘하고 싶은 것
7 어제 했던 일	18 잘 못 먹는 음식	28 나를 행복하게 해주는 것
8 오늘 할 일	19 뒤로 두 칸	29 부모님께 듣고 싶은 말
9 질문 받기	20 갖고 싶은 능력	30 한 번 더 던지기

31 스트레스 해소를 위한 방법	41 빌고 싶은 소원
32 싫어하는 유형의 친구	42 한 번 쉬기
33 키워보고 싶은 특이한 반려동물	43 갖고 싶은 초능력
34 세 종류의 표정 짓기	44 무인도에 꼭 가져갈 것
35 좋아하는 놀이기구	45 꼴찌와 자리 바꾸기
36 여행 가고 싶은 도시 또는 나라	46 나를 힘들게 하는 것
37 나에게 없는 것	47 내게 힘이 되는 것
38 뒤로 네 칸	48 한 번 쉬기
39 내가 받은 것	49 우리 반 장점
40 미래에 갖고 싶은 세 가지 직업	도착

47 질문 만들기 대화

직접 만든 질문으로 이야기를 나누는 놀이

1. 모둠별로 참고할 수 있는 다양한 질문 영역이 제시된 활동지를 나눠줍니다.

2. 활동지를 참고하여 자유롭게 이야기 나눌 질문을 직접 만듭니다.

3. 포스트잇에 한 가지 질문을 쓰는 방식으로 1~2분 동안 최대한 많은 질문을 만들어봅니다.

4. 비슷한 질문끼리 분류한 뒤에 각자 함께 나누고 싶은 세 가지 질문에 표시합니다.

5. 일정 시간 동안 가장 많이 표를 얻은 질문부터 순서대로 이야기를 나눕니다.

tip 하나: 모둠별로 가장 많이 표를 얻은 질문, 재밌는 질문이 무엇인지 알아보아도 재밌어요.

tip 둘: 마음껏 상상력을 발휘해 엉뚱하고 재밌는 질문, 서로 알아갈 수 있는 질문을 만들어보도록 해요.

취미	가족	동물	습관
공부	직업	여행	친구
변화	능력	꿈	스트레스
고민	음식	마음	경험
학교	외모	행복	돈

48 나를 소개하는 세 가지 단어

세 가지 단어로 자신을 소개하는 놀이

1. 모둠별로 둥그렇게 앉습니다.

2. 선생님이 제시해준 3개의 키워드를 따라 자신을 소개할 수 있는 단어와
   자기 이름을 적습니다.

3. 작성한 뒤에는 모둠별로 한 명씩 돌아가면서 세 가지 키워드로 자신을
   소개합니다.

모둠: 4~6명 / 준비물: 종이, 펜

tip 하나: 키워드는 좋아하는 음식, 성격, 요즘 자주 하는 것, 취미, 잘하는 것 등 다양하게
줄 수 있어요.

tip 둘: 키워드와 상관없이 자신을 소개할 수 있는 단어를 자유롭게 써도 돼요.

tip 셋: 모둠별로 다 나눈 뒤 벽면에 붙이게 하면 모둠 이외에 다른 친구에게도 더 관심을
갖고 알아갈 수 있어요.

49 너의 장점을 들려줄게

함께하면서 발견한 친구의 장점을 들려주는 놀이

1. 모둠별로 첫 번째 사람부터 30초 이내로 자신은 어떤 친구가 되고 싶은지 말합니다.

2. 이어서 다른 사람들은 한 사람씩 순서대로 첫 번째 사람의 장점을 한두 가지씩 들려줍니다.

3. 다 들려준 뒤에는 모두가 "우와~"라고 감탄사를 외치며 박수를 보냅니다.

4. 이런 식으로 마지막 사람까지 합니다.

tip 하나: 저학년의 경우 참고하도록 장점 목록을 준비하면 더욱 도움이 돼요.

tip 둘: 발견한 장점을 사실에 근거하여 구체적으로 들려주도록 해요.

tip 셋: 내가 몰랐던 나의 장점을 다른 사람들을 통해 들을 수 있어요.

tip 넷: 집단이나 활동 성격에 따라 '어떤 친구가 되고 싶은지'를 말하는 대신 '오늘 활동 소감'과 같이 다른 주제로 이야기를 나눠도 돼요.

다른 사람들을 잘 도와줘요	밝고 활달해요	맡은 일을 책임감 있게 해서 믿음이 가요
힘들고 속상한 친구를 잘 위로해요	잘 웃어요	다른 사람에게 양보를 잘해요
친구를 때리거나 놀리지 않아요	규칙을 존중하고 잘 지켜요	욕을 하지 않아요
다른 친구들을 존중하고 배려해요	웃어른께 공손하고 예의바른 친구예요	작은 일에도 감사할 줄 알아요
새로운 아이디어를 잘 생각해내요	끝까지 최선을 다해요	다른 친구를 소중하게 대해요
자기 실수나 잘못을 인정할 줄 알아요	갈등이 있을 때 대화로 해결해요	다른 사람에게 웃음을 줘요
다른 사람의 말을 귀 기울여 들어줘요	화해할 수 있도록 도와주는 친구예요	용기를 내서 도전할 줄 알아요

다른 친구들에게 힘이 되는 말을 잘해줘요	쉽게 포기하지 않아요	친구들을 잘 이끄는 능력이 있어요
친구들과 사이좋게 지내요	함께 있으면 편안해요	따뜻한 마음을 가지고 있어요
적극적으로 참여해요	화가 날 때 참고 한 번 더 생각하고 행동해요	다른 친구들에게 친절해요
다른 사람들과 협동을 잘해요	다른 사람들의 의견을 존중해줘요	말을 조리 있게 잘해요
다른 사람의 실수나 잘못을 이해하고 잘 받아줘요	말을 부드럽고 따뜻하게 해요	운동 신경이 뛰어나요
어떤 친구와도 잘 어울려요	긍정적인 생각과 태도를 지녔어요	자신감이 넘쳐요
다른 친구를 함부로 비난하거나 지적하지 않아요	자기 마음과 행동을 잘 조절해요.	스스로 더 나은 사람이 되기 위해 노력해요

50 약점에서 강점을 찾아요

자기 약점을 나누면
다른 사람들이 강점으로 바꿔주는 놀이

1. 모둠별로 둥그렇게 앉고 각자 자신의 약점을 생각해보고 종이에 자기 이름과 약점을 씁니다.

2. 다 같이 한 칸씩 오른쪽 사람에게 건네줍니다.

3. 주인공과 그 약점을 확인한 뒤에 약점을 강점으로 바꾸어 생각할 수 있는 말을 써줍니다.

4. 다 쓰면 종이를 오른쪽 사람에게 전달합니다.

5. 이런 식으로 자신의 종이가 돌아오면 한 사람씩 자기 약점과 다른 사람이 써준 강점을 나눕니다.

tip 하나: 누군가의 약점은 꼭 약점만은 아니에요. 강점으로 바라볼 수 있는 긍정적인 측면을 생각해보는 기회가 돼요.

tip 둘: 다른 사람의 약점을 존중하고 긍정적으로 바라봐주는 시선을 가져보는 기회가 돼요.

tip 셋: 다른 사람들 덕분에 나의 약점에 위축되지 않고 위로와 힘을 얻기도 해요.

tip 넷: 사전에 선생님이 약점을 강점으로 생각해볼 수 있는 말의 예시를 들어주거나 한 가지 예로 학생들과 함께 해보면 이해를 도울 수 있어요.

예시
1. 눈치를 잘 본다 → 신중하다, 남에게 피해를 주지 않으려 노력한다 2. 시끄럽다 → 에너지가 넘친다, 활발하다 3. 눈물을 잘 흘린다 → 마음이 따뜻하다, 공감 능력이 뛰어나다 4. 완벽주의적이다 → 책임감이 강하다, 최선을 다한다 5. 승부욕이 강하다 → 열정적이다, 쉽게 포기하지 않는다

롤링페이퍼

한 사람씩 돌아가면서
따뜻한 편지를 써주는 놀이

1. 모둠별로 둥그렇게 앉고 자신의 이름이 적힌 종이를 오른쪽으로 한 칸씩 전달합니다.

2. 한 해를 돌아보며 종이에 적힌 친구에게 들려주고 싶은 세 문장 이내의 따뜻한 편지를 씁니다.

3. 다 쓰면 같은 방식으로 자신의 종이는 오른쪽 사람에게 전달하고 받은 종이에 편지를 씁니다.

4. 이런 식으로 자신의 이름이 적힌 종이가 돌아올 때까지 합니다.

모둠: 6~8명 / 준비물: 상장 용지 또는 색도화지, 사인펜

tip 하나: 아쉬움이나 충고, 조언이 아니라 발견한 친구의 소중한 모습이나 장점, 격려와 응원의 메시지를 적어보도록 해요.

tip 둘: 짧은 편지와 함께 그림을 그려주거나 이름 삼행시를 지어주어도 좋아요.

tip 셋: 서로에게 따뜻한 마음을 전하고 선물하며 활동이나 학급살이를 마무리하는 데 적절한 활동이에요.

52 반대 질문으로 생각해봐요

문제의 해결 방안을 찾거나 모색하기 위해 반대
문제로 생각해보고 이야기 나누는 역발상 놀이

1. 선생님이 학생들과 함께 생각하고 해결 방법을 찾아갈 주제를 정합니다.

2. 예컨대 주제가 '평화로운 학급 만들기'라고 합시다.

3. '평화로운 학급 만들기'를 위한 지혜와 방법을 찾아가기 위해 '어떻게 하면 학급의 평화를 깨뜨릴 수 있을까?', '어떻게 하면 평화롭지 않은 학급을 만들 수 있을까?'처럼 역발상 질문을 줍니다.

4. 모둠별로 이 질문에 대한 아이디어를 자유롭게 나눕니다.

5. 5~10가지 정도를 정해서 종이에 적습니다.

6. 모둠별로 발표해봅니다.

7. 칠판에 종이를 붙이고 발견한 의미를 다 함께 나눠봅니다.

모둠: 3~5명 / 준비물: 전지 또는 4절지, 사인펜

tip 하나: '평화로운 학급 만들기', '친구들과 사이좋게 지내기', '다 같이 즐거운 놀이 시간 만들기' 같이 다양한 주제로 나눌 수 있어요.

tip 둘: 해결할 힘과 지혜가 아이들 안에 있음을 들려주시고 믿어주세요.

tip 셋: 이야기를 나누다 보면 스스로 돌아보고 자연스럽게 실천 방안도 찾을 수 있어요.

53 제시어로 짓는 이야기

제시어로 재밌는 이야기를 짓는 놀이

1. 모둠 안에서 순서를 정합니다.

2. 모둠별로 제시어 쪽지들을 나눠줍니다.

3. 모둠의 1번 학생부터 첫 번째 쪽지를 골라 펴봅니다.

4. 제시어를 가지고 한두 줄 문장으로 이야기를 짓습니다.

5. 이어서 두 번째 쪽지를 고르고 적힌 제시어를 가지고 앞의 이야기와 이어지도록 문장을 만듭니다.

6. 마지막으로 세 번째 쪽지의 제시어로 이야기의 결론을 맺습니다.

7. 이런 식으로 마지막 사람까지 해봅니다.

tip 하나: 선생님이 먼저 시범을 보여주면 놀이 방법을 쉽게 이해할 수 있어요.

tip 둘: 한 사람에 1분 내외로 하는 게 적절해요.

이야기 짓기 약속

1. 이야기의 주인공은 한 명 이상으로 모둠 친구를 주인공으로 합니다.

2. 자유롭게 상상하여 이야기를 짓습니다.

3. 친구들이 상처를 받지 않는 내용으로 줄거리를 만듭니다.

이야기 예시

1. 화장실: 수철이가 큰일을 보고 났는데 화장지가 없었다. 마침 영진이 목소리가 들려서 화장지 좀 갖다달라고 부탁을 했다.

2. 스파게티: 영진이가 부탁을 들어줄 테니 똥 모양이 뭔지 말해보라고 했다. 이에 수철이가 "얇고 긴 것이 꼭 스파게티 같아"라고 했다.

3. 칭찬: 영진이가 수철이의 대답을 듣고 칭찬해줬다. "참 잘했어요!"

제시어 예시

졸음	버스	체육 시간	담임선생님	칭찬
축구	교실	화장실	스파게티	노래방
바다	자전거	지갑	겨울	독도
뱀	수술	거짓말	로또	1등
경찰관	방학	무좀	똥	초능력

54 감정 단어

자신에게 해당하는 감정 단어를
고르고 나누는 놀이

1. 선생님은 모둠별로 감정 단어 표를 나눠주고 질문을 제시합니다.

2. 학생들은 질문에 해당하는 자신의 감정 두세 가지를 고릅니다.

3. 각자 고른 단어에 따라 순서대로 자신의 감정을 말합니다.

tip 하나: 활동을 마친 뒤 소감을 나눌 때도 활용하기에 유익해요.

tip 둘: 감정 표를 화면에 띄워줄 수도 있어요.

기쁘다	답답하다	무섭다	설레다	신나다
활기차다	안심이다	재있다	자랑스럽다	괴롭다
걱정하다	실망스럽다	따뜻하다	미안하다	뿌듯하다
즐겁다	감사하다	속상하다	부럽다	지루하다
기분 좋다	짜증나다	만족스럽다	친근하다	행복하다
든든하다	감동적이다	사랑스럽다	우울하다	불편하다
슬프다	편하다	피곤하다	날아갈 듯하다	어색하다
기운이 나다	화나다	기대되다	힘들다	희망적이다

대화 놀이 일화 나누기

이야기. 뒷담화

내게 들어오는 학교와 관련된 의뢰는 대부분 '관계', '친구', '공동체'로 수렴된다. 이번 집단의 이슈는 심한 장난 때문에 생긴 불편한 관계와 분위기, 여학생들의 뒷담화 문화와 그로 인한 문제였다. 특히 '뒷담화' 문제는 해결해줄 수 있거나 그 일이 목격되지 않는 이상 직접 다루기에는 까다로운 주제다. 그래서 이번 집단에서는 '뒷담화'를 문제 중심이 아니라 다 같이 즐겁고 평화로운 시간을 만들고 서로 '좋은 친구'를 이루어가는 과정을 통해 스스로 생각해보고, 느끼고, 실천 동기가 심어지도록 촉진하는 방향으로 접근했다.

1교시를 해보니 이 반에서 보이는 또 다른 이슈는 남녀가 잘 섞이지 않는다는 점이었다. 종이테이프 붙이기 놀이를 해도 주로 남자아이들은 남자아이들에게, 여자아이들은 여자아이들에게 다가갔다. 그나마 놀이 규칙으로 인해 소극적으로 이성에게 다가가 관계를 맺어봤다.

자리 바꾸기 놀이를 통해 고정된 관계 구도가 조금씩 깨지고 전체 놀이, 모둠 놀이, 짝 놀이 등 다양한 형태의 놀이를 하면서 남녀 구분 없이 섞이고 어울리기 시작했다. 점점 더 편안해지고 남녀 친구들이 둘러앉아 함께 웃는 모습이 그렇게 예쁘게 보일 수 없었다. 이제 큰 경계 하나가 사라졌다.

둘씩 짝을 이루어 대화 놀이를 했다. 남녀가 짝이 되기도 하고 동성끼리 짝이 되기도 했다. 대화 놀이를 하기 전에 간단히 몸으로 하는 짝 놀이를 하는데 별거 아닌데도 여기저기에서 웃음이 터졌다. 아이들의 힘, 놀이의 힘이다. 대화 놀이로 들어가면서 대화의 약속을 나눌 때였다. 마지막 약속이 '서로 나눈 이야기는 비밀을 지켜주는 것'이다. 이날은 이 약속에 강조점을 두고 짧은 이야기를 들려주었다.

삼촌이 전국을 다니면서 경험한 바로는 관계가 깨지고 불행한 학급의 특성 중 하나가 '뒷담화' 문제였다고, 오래전 이야기를 하나 들려주었다. 십여 년 전, 한 여자 중학교에서 학교 부적응 학생들을 대상으로 5회기 활동을 진행한 적이 있다. 마지막 회기에 한 명씩 이번 활동을 돌아보며 소감을 나눌 때 한 친구가 이렇게 말했다.

"여기는 내가 나로 있어도 괜찮은 곳이라는 생각이 들었어요."

좀 더 구체적인 이야기를 부탁하니 한 학기 동안 학급에서는 세 명만 모여도 다른 사람 뒷담화를 하는 분위기가 있어서 자기를 솔직하게 드러내놓거나 자기 말을 하기가 어려웠단다. 근데 여기는 자기를 있는 그대로 받아주고 뒷담화하는 분위기도 없이 편해서 좋았다는 게 요지였다. 이 이야기를 마치고 앞에서 할 수 없는 말은 뒤에서도 하지 않는 게 바람직하다, 뒤에서 한 말은 돌고 돌아 더 강력한 무기가 되어 나를 공격하게 될 것이다, 나를 무너뜨리고 우리 사이를 깨뜨리고 공동체를 망가트린다는 사실을 들려주었다. 이어서 귀기울여 듣던 아이들에게 마지막으로 서로 비밀을 지켜주기로 약속하고 즐거운 대화의 시간을 가져보자고 나누었다.

처음부터 끝까지 함께하셨던 담임선생님이 나중에 피드백할 때 들려주셨다. 여자 친구들이 자기 이야기라 생각해서인지 눈을 크게 뜨고 귀를 기울여 듣는 게 느껴졌단다. 원래는 여자 친구들 안에서도 끼리끼리 문화가 있어서 노는 무리가 따로 있었다고 한다. 실제로 집단 초기에는 그 모습이 드러나기도 했지만, 점점 여자아이들 안에 경계가 무너지면서 무리에 섞여 활발하게 어울리기도 했다.

내가 할 수 있는 역할은 거기까지다. '좋은 친구', '다 같이 즐겁고 평화로운 학급', 이날만큼은 다 같이 즐겁고 평화로운 학급을 만들어갔다. 서로에게 좋은 친구가 되어주었다. 앞으로 뒷담화가 없는 모두가 안전하고 평화로운 학급을 만들어가는 것은 아이들의 몫으로 남았다. 아이들을 응원하고 격려하며 반을 나섰다. 자인(가명)이가 앞으로 나와 두 손을 공손히 모으며 인사를 했다.

"선생님, 놀기만 하지 않고 깨달음을 주셔서 고맙습니다."

내가 나로 있어도 괜찮고 나를 편안하게 표현해도 안전한 학급 공동체, 다 같이 행복한 학급 공동체를 이루어가기를, 학교를 나서면서 기도가 나왔다.

모둠과 짝을 구성하는 방법

놀이 할 때 모둠이나 짝을 자연스럽게 구성하는 지혜가 필요하다. 교사나 지도자가 인위적으로 마음대로 나눈다는 생각이 들면 불평이 나오기 쉽다. 한편, 참가자들이 알아서 하도록 하면 편하거나 친한 사람과만 짝과 팀을 이루는 경향이 있다. 그러면 소외되는 사람도 나올 수 있다. 그러므로 선생님은 집단을 종합적으로 판단하여 간단하고 자연스럽게 누구나 수긍할 수 있는 방향으로 모둠과 짝을 구성하는 게 바람직하다.

1. 숫자 제비뽑기
인원과 짝의 수를 고려하여 숫자를 적은 쪽지를 준비합니다. 예컨대 10명인 반에 2명씩 짝을 이루어 5개 팀을 만들고 싶을 경우, 5개의 다른 숫자를 각각 2개씩 써서 쪽지를 접습니다. 같은 숫자를 뽑은 사람끼리 짝을 이루면 되겠지요. 모둠을 구성할 때도 같은 요령입니다.

2. 숫자 부르기
아주 간단한 방법입니다. 예를 들면 15명인 반을 3모둠으로 나눈다고 생각해봅시다. 차례대로 한 사람씩 1, 2, 3, 1, 2, 3…… 하는 식으로 번호를 지정해줍니다. 그런 다음 같은 번호끼리 모여서 모둠을 이루도록 하면 됩니다. 이 같은 방식으로 다양하게 모둠과 짝을 이룰 수 있습니다.

3. 가위바위보 꼬리 잇기
각자 자유롭게 돌아다니면서 만난 사람과 가위바위보를 합니다. 진 사람이 이긴 사람 뒤에 붙는 형식입니다. 20명인 반에 3모둠을 구성한다고 합시다. 학생들에게 최대한 빨리 6~7명을 만들고 완성되면 그 자리에 둥그렇게 앉으라고 하면 됩니다.

4. 가위바위보 텔레파시
돌아다니면서 가위바위보를 하여 같은 것을 낸 사람끼리 자리에 앉도록 합니다. 이때 한 번만 가위바위보를 해서 다른 것을 낸다면 다른 사람을 만나도록 합니다. 남은 사람들은 다시 같은 방식으로 가위바위보를 하여 짝을 이룹니다. 모든 짝이 이루어질 때까지 합니다. 손으로 하는 가위바위보 대신에 동작으로 하는 가위바위보를 할 수도 있습니다.

5. 콩. 콩. 콩

둘씩 자유롭게 짝을 이루도록 하여 서로 마주 보고 서서 "콩, 콩, 콩…"을 말하면서 상대와 두 손뼉을 계속 마주치게 합니다. 이때 갑자기 선생님이 "바꿔!"라고 외치면 앞에 있는 짝과 헤어져 새로운 다른 짝을 만나도록 합니다. "세 명 바꿔!"라고 하면 세 명씩 만나면 됩니다. 이런 식으로 즐기다가 모둠을 여섯 명씩 구성하기로 한다면 "여섯 명 바꿔!"를 외치면 자연스럽게 새로운 모둠이 구성이 됩니다.

6. 같은 부류로 찾기

만들고자 하는 모둠 및 구성원 수만큼 자유롭게 만나서 둥그렇게 앉도록 합니다. 모둠별로 스포츠, 과일, 영화 제목 등 영역을 지정해줍니다. 어떤 모둠이 스포츠라고 합시다. 그러면 모둠 구성원이 스포츠 종목에 무엇이 있는지 의논하여 한 사람에 하나씩 서로 다른 종목을 쓰도록 합니다. 이런 식으로 모든 모둠이 다 쓰고 나면 쪽지를 접어서 다 걷도록 합니다. 쪽지를 골고루 섞어준 뒤에 다시 하나씩 나눠준 다음 자기 쪽지에 적힌 단어를 확인하여 같은 영역의 사람들끼리 만나도록 합니다.

7. 노래로 짝 이루기

세 명씩 짝을 이루는 모둠을 구성한다고 가정해봅시다. 자유롭게 세 명씩 짝을 이루도록 하고, 자기들만 알 수 있도록 다른 모둠이 안 들리고 안 보이게 누구나 알고 있을 법한 노래를 생각하도록 하십시오. 동요나 가요, 둘 다 상관없습니다. 예컨대 '곰 세 마리', '독도는 우리 땅' 등등이 있겠지요. 정했으면 각 쪽지에 해당 노래 제목을 적고 나서 쪽지를 두 번 접어 모든 사람의 쪽지를 다 모아서 골고루 섞습니다. 섞인 종이를 흩뿌리고 각자 하나씩 쪽지를 줍도록 하여 쪽지에 적힌 노래를 부르며 같은 노래끼리 만납니다. 그렇게 하면 새로운 진짜 모둠이 형성되지요.

8. 암호로 짝 이루기

바로 옆에 있는 사람과 짝을 지어 비밀스럽게 서로 상응하는 말을 생각해보게 합니다. 예컨대 '찍먹, 부먹', '짜장, 짬뽕', '오리 꽥꽥', '여행을 떠나요', '검정 고무신' 등이 될 수 있지요. 짝끼리 각 쪽지에 상응하는 단어 하나씩 씁니다. 한 사람이 '여행을'이라고 썼으면 다른 짝은 '떠나요'를 쓰는 식이지요. 다 썼으면 한 곳에 쪽지를 다 모아서 골고루 섞습니다. 섞인 종이를 다시 사방에 던져 하나씩 쪽지를 줍도록 하여 자기가 들고 있는 단어에 상응하는 쪽지를 든 사람을 찾도록 합니다. 그러면 새로운 짝이 형성되지요.

4장

다 같이 즐기는
대화 놀이

15명 이상의 학급 또는 집단 전체가 즐길 수 있는 대화 놀이예요.
제자리에서, 돌아다니면서, 둘러앉아서,
다양한 형태로 할 수 있는 놀이들이지요.
놀이는 힘이 세요. 놀다 보면 문화가 만들어져요.
그리고 아이들에게는 힘이 있어요.
우리의 역할은 건강한 대화를 경험할 수 있는
장을 만들어주고 그런 일상을 돌려주는 일이에요.
기회를 만들어주세요.

이미지로 알아가기

질문에 어울리는 이미지의 사람을
알아보는 놀이

1. 선생님이 다섯 가지 정도의 질문을 주고 학생들은 각 질문에 가장 잘 어울리는
   사람의 이름을 적습니다.

2. 다 작성한 뒤에 모둠별로 한 사람씩 돌아가면서 각 질문에 누구를 썼고 왜
   그렇게 생각하는지 이야기를 나눕니다.

3. 마치면 모둠별로 각 질문에 가장 많이 나온 사람이 누구인지 발표합니다.

4. 이런 식으로 마지막 모둠까지 진행하면서 서로에 대한 이미지를 알아봅니다.

tip 하나: 무겁지 않고 즐거운 분위기가 되도록 관심을 기울여주세요.

tip 둘: 자칫 부정적으로 들리거나 불편한 농담이 오갈 수 있는 질문은 지양해요.

tip 셋: 선정된 사람에게 어떤 기분과 생각이 드는지, 혹은 실제로는 어떤지 잠시 들어보는
   시간을 가져보세요.

예시
• 잠을 제일 많이 잘 것 같은 사람은? • 밥을 가장 적게 먹을 것 같은 사람은? • 막내일 것 같은 사람은? • 나중에 선생님을 하면 잘할 것 같은 사람은?

주인공 찾기

사연의 주인공을 알아맞히는 놀이

1. 선생님이 사연의 주제를 제시합니다.

2. 학생들은 사연의 주제에 맞게 쪽지에 100자 이내의 글을 쓰고 이름을 적습니다.

3. '집에서 있었던 일', '방학 때 생긴 추억', '부모님께 혼났던 일', '다른 사람을 도와준 일'같이 사연의 주제는 다양합니다.

4. 선생님은 쪽지를 걷어서 라디오 진행자처럼 사연을 소개합니다.

5. 학생들은 사연의 주인공이 누구일지 종이에 써서 맞혀봅니다.

6. 다 같이 사연의 주인공을 알아보고 박수를 보내줍니다.

7. 이런 식으로 여러 사연을 소개합니다.

준비물: 쪽지, 사인펜

tip: 선생님 대신 학생이 사연을 소개하는 역할을 할 수 있어요.

3 어느 쪽이 더 많을까?

질문에 어느 쪽이 더 많을 것 같은지
맞혀보는 놀이

1. 선생님은 어느 쪽이 많을지 둘 중 하나를 고르는 질문을 제시합니다.

2. 예컨대 "우리 반은 여름을 좋아하는 사람이 더 많을까, 겨울을 좋아하는 사람이
   더 많을까?"처럼 질문할 수 있습니다.

3. 먼저 각자 생각하는 정답을 종이에 씁니다.

4. 이어서 "하나, 둘, 셋!"을 외치고 여름을 좋아하는 사람은 일어서고, 겨울을
   좋아하는 사람은 앉습니다.

5. 어느 쪽이 더 많은지 세어봅니다.

6. 정답을 맞힌 사람은 자기가 쓴 종이를 흔들어 보입니다.

7. 이런 식으로 질문을 여러 개 제시하여 최대한 많이 맞혀도 보고 서로
   알아가봅니다.

준비물: 종이, 사인펜

tip 하나: 학생들에게 질문을 받을 수 있어요.

tip 둘: 우리 반 친구들의 특성이나 생각을 알아볼 수 있는 여러 영역의 질문으로 해보세요.

tip 셋: 몇몇에게 질문과 관련된 구체적인 질문을 통해 더 깊고 풍성하게 이야기를 나눌
수도 있어요.

무엇을 더 좋아할까?

둘 중에 무엇을 더 좋아하는지 알아맞히는 놀이

1. 선생님이 주제를 주면 학생들은 문항별로 좋아하는 것과 덜 좋아하는 것을 적습니다.

2. 예컨대 주제가 음식이라면 스파게티와 국수를 적는 식입니다.

3. 이런 식으로 선생님이 제시한 다섯 가지 주제에 맞춰서 학생들은 빈칸을 채웁니다.

4. 참고로 '가'에는 좋아하는 것, '나'에는 덜 좋아하는 것(또는 싫어하는 것) 순서로 적는 게 아니라 문항별로 배치 순서를 달리해서 적습니다.

5. 다 쓰고 나면 돌아다니면서 두 사람씩 만나 문항별로 서로에 대해 알아맞혀 보면서 이야기를 나눕니다.

6. 마치면 같은 방식으로 다른 짝과 만나서 이야기를 나눕니다.

tip 하나: 선생님은 진행 방법을 직접 보여주세요.

tip 둘: 예시와 다른 주제로도 얼마든지 할 수 있어요.

tip 셋: 한 사람을 만날 때마다 맞힌 문항 수만큼 점수를 더해보세요.

	가	나
음식		
연예인		
과목		
동물		
운동		

5 쪽지로 만나요 (1)

쪽지에 적혀 있는 질문으로 서로 알아가는 놀이

1. 한 사람에 하나씩 질문이 적혀 있는 쪽지를 나눠줍니다.

2. 시작과 함께 돌아다니면서 만나는 사람과 가위바위보를 합니다. 진 사람의
   쪽지를 펴서 쪽지에 있는 질문으로 이야기를 나눕니다.

3. 이야기를 다 나누면 서로 쪽지를 바꾸어 다른 사람을 만납니다.

4. 이런 식으로 일정 시간 동안 해봅니다.

tip 하나: 쪽지는 내용이 보이지 않게 두 번 접어서 나눠주세요.

tip 둘: 다 같이 노래를 부르며 교실을 돌아다니다가 갑자기 쪽지를 부려서 하나씩 잡도록
   하면 더욱 재밌어요.

tip 셋: 모든 사람과 한 번씩 이야기를 마친 사람은 선생님에게 오라고 하면 적극적으로
   참여하는 분위기를 촉진할 수 있어요. 다 마친 학생이 나오면 축하해주는 것으로
   충분해요.

쪽지 예시
우산 없이 집에 걸어가고 있는데 갑자기 비가 내린다면?
밤에 몇 시에 자는 편이야? 잠자기 전에 보통 뭐해?
최근에 봤던 영화가 뭐야? 추천해주고 싶은 영화는?
요즘 가장 푹 빠져 있는 것은?
사람이 많은 버스 안에서 방귀를 참을 수 없다면?
나를 동물로 비유한다면? 그 이유는?
요즘 자주 듣는 노래는 뭐야? 네가 좋아하는 노래 중 한 곡 추천해준다면?
네가 해봤던 것 중 가장 특이했던 경험은?
가장 화가 나는 때는?
무엇이든지 얻을 수 있다면, 갖고 싶은 것은?
가장 좋아하는 만화/영화 속 인물은? 어떤 점이 좋아?
지금까지 만나본 친구 중 기억에 남는 친구는? 어떤 점이 기억에 남아?
좋아하는 친구 생일 파티에 초대된다면 어떤 옷을 입고 가고 싶어?
겨울에 가장 좋아하는 활동은?
가장 좋아하는 날씨는? 그 이유는?
만약 강아지와 대화할 수 있는 능력이 생긴다면?
내가 투명인간이 된다면?
내가 반장 선거에 나간다면 우리 반을 위해 내걸고 싶은 공약은?
제일 좋아하는 게임은? 하루에 게임하는 시간이 얼마나 돼?
다른 사람이 나를 좋아하고 있다는 걸 알게 된다면?

6 쪽지로 만나요 (2)

둘 중 어느 것을 더 좋아하는지 맞히면서
서로 알아가는 놀이

1. 한 사람에 하나씩 2개의 제시어가 적혀 있는 쪽지를 나눠줍니다.

2. 예컨대 여름 vs 겨울 식입니다.

3. 시작과 함께 돌아다니면서 만나는 사람과 가위바위보를 합니다. 이긴 사람의
   쪽지를 폅니다.

4. "하나, 둘, 셋!"을 외친 다음 동시에 2개의 제시어 중 하나를 말해서 같은 게
   나오면 텔레파시가 통한 셈입니다.

5. 실제로 서로 어느 것을 더 좋아하는지 확인하고, 왜 그런지도 알아봅니다.

6. 이야기를 다 나누면 서로 쪽지를 바꾸어 다른 사람을 만납니다.

7. 같은 방식으로 일정 시간 동안 해봅니다.

8. 활동을 마친 뒤에 몇 명과 텔레파시가 통했는지도 알아봅니다.

여름 vs 겨울	치킨 vs 피자	김밥 vs 떡볶이
매운 라면 vs 순한 라면	고양이 vs 강아지	자전거 vs 달리기
기차 여행 vs 비행기 여행	노래 부르기 vs 그림 그리기	운동 vs 독서
놀이동산 vs 워터파크	계곡 vs 바다	재밌는 친구 vs 착한 친구
자장면 vs 짬뽕	돼지고기 vs 소고기	대머리 vs 장발
하얀색 vs 파란색	국어 vs 영어	음악 vs 미술
코미디 vs 액션	순간 이동 vs 투명 인간	관광 vs 맛집 탐방
외모 vs 성격	공부 vs 게임	전화 vs 카톡

친구야, 알고 싶어 (1)

익명으로 궁금한 내용을 질문하고
답하면서 서로 알아가는 놀이

1. 각자 잘 모르거나 친해지고 싶은 친구 이름을 적고 그 밑에 궁금한 내용을
   한두 개 정도 씁니다.

2. 누가 질문했는지 모르도록 쓴 사람 이름은 적지 않습니다.

3. 질문을 다 쓴 종이로 공을 만들어서 칠판에 그려진 표적에 던져 최대한 높은
   점수를 맞혀보도록 합니다.

4. 다 걷히면 선생님은 임의로 공을 하나 골라서 누구에게 어떤 질문이
   들어왔는지 읽어줍니다.

5. 질문을 받은 학생은 다른 친구들에게 대답해줍니다.

6. 이런 식으로 일정 시간 동안 진행해봅니다.

준비물: 종이, 펜

tip 하나: 다른 사람이 불편할 수 있는 질문은 쓰지 않도록 하고, 곤란하면 질문에 꼭
          대답하지 않아도 된다고 알려주세요.

tip 둘: 인기투표처럼 되지 않도록, 잘 모르거나 친해지고 싶은 친구의 이름을 적도록
        해주세요.

tip 셋: 한 사람당 두 명의 친구에게 물어볼 수 있도록 하면 다양한 친구의 이름이 나올
        수 있어요.

친구야, 알고 싶어 (2)

익명으로 궁금한 내용을 질문하고
답하면서 서로 알아가는 놀이

1. 선생님은 '오늘의 친구' 서너 명을 알려줍니다.

2. 분단별(또는 모둠별)로 친구를 지정해주고 각자 그 친구에 대해 궁금한 내용을
   적습니다.

3. 종이를 접어서 분단별(또는 모둠별)로 걷어서 선생님에게 줍니다.

4. 선생님이 골고루 하나씩 뽑아서 질문을 읽어주면 질문을 받은 친구가
   대답합니다.

5. 이런 식으로 일정 시간 해봅니다.

준비물: 종이, 펜

tip 하나: 모둠별로 할 경우, 모둠원이 질문을 뽑아 직접 질문을 읽는 방식으로 할 수 있어요.

tip 둘: 질문의 예시를 들어주거나 질문의 주제를 한눈에 볼 수 있는 표를 보여주면 생각을
촉진할 수 있어요.

1. 종이 가운데에 자기 이름을 적고 네 귀퉁이에 선생님이 제시한 주제에 따라
   차례대로 자신에 관한 내용을 적습니다.

2. 예컨대 오른쪽 위에는 재밌는 미션, 왼쪽 위에는 좋아하는 음식, 오른쪽
   아래에는 내가 꿈꾸는 우리 반, 왼쪽 아래에는 취미를 적으라고 합니다.

3. 다 쓰고 나면 시작과 함께 돌아다니면서 만난 사람과 인사를 나눈 뒤
   가위바위보를 합니다.

4. 이긴 사람은 진 사람의 미션을 수행하고 나서 교대로 자신을 소개합니다.

5. 소개를 마치면 명함을 서로 바꾸어 다른 사람을 만납니다.

6. 같은 방식으로 인사를 나누고 소개를 하되, 명함의 주인공을 마치 자신인
   것처럼 소개합니다.

7. 일정 시간이 지나 선생님이 "주인을 찾아주세요!"라고 말하면 명함의 주인을
   빨리 찾아가 명함을 돌려줍니다.

tip 하나: 꼭 진 사람이 미션을 수행할 필요는 없지요. 때로는 상식을 바꿔서 이긴 사람이
         미션을 수행하는 방식으로 진행해보세요.

tip 둘: 이름표를 바꾸지 않고 계속 자기 이름표를 들고 다니면서 소개하는 방식으로
       할 수도 있어요.

스파게티, 비빔밥   스파이더맨 동작 따라하기

김하늘

수영, 그림 그리기   즐겁고 화목한 반

10 이미지로 이야기를 나눠요

이미지로 이야기를 나누며 서로 알아가는 놀이

1. 선생님이 앞으로 세 사람을 초대합니다.

2. 학생들에게 세 가지 정도의 질문을 주고 각 질문에 가장 잘 어울리는 사람에게 손을 듭니다.

3. 한 사람이 한 명에게만 손을 들 수 있습니다.

4. 예컨대 질문이 '형제가 가장 많을 것 같은 사람은?', '그림을 잘 그릴 것 같은 사람은?', '게임을 잘할 것 같은 사람은?'이라고 합시다.

5. 투표가 끝나면 선생님은 첫 번째 사람부터 인터뷰를 시작합니다.

6. 만약 앞에 나온 사람 중 첫 번째 사람이 '형제가 가장 많을 것 같은 사람'으로 가장 많은 표를 받았다면 이것과 관련해 알아봅니다.

7. 형제 관계가 어떻게 되는지, 평소 같이 무엇을 하고 노는지 등 그 친구에 대해 알아갈 수 있는 질문을 통해 이야기를 나눕니다.

8. 이런 식으로 마지막 학생까지 합니다.

tip 하나: 다른 질문으로 다른 학생들을 앞으로 초대하여 계속해볼 수 있어요.

tip 둘: 앞에 나온 학생들뿐 아니라 앉아 있는 학생들에게도 손가락으로 형제의 수만큼 들어보게 한다든지, 다 같이 서로 알아볼 수 있는 시간도 가져보세요.

질문 예시

- 운동 잘할 것 같은 사람은?

- 악기를 잘 다룰 것 같은 사람은?

- 학교에서 집이 가장 멀리 있을 것 같은 사람은?

- 잠을 가장 길게 잘 것 같은 사람은?

- 게임을 잘할 것 같은 사람은?

- 매운 음식을 좋아할 것 같은 사람은?

11 선생님, 궁금해요

학생들의 질문을 받아
선생님에 대해 알아가는 놀이

1. 선생님에 대해 궁금하거나 알고 싶은 내용을 적습니다.

2. 종이로 비행기를 접어서 선생님 앞으로 날립니다.

3. 선생님은 임의로 고른 종이비행기를 펼쳐서 질문을 읽고 대답해줍니다.

4. 이런 식으로 충분히 선생님을 소개하고 알아가는 시간을 가져봅니다.

tip 하나: 하나는 선생님께 궁금한 점, 다른 하나는 하고 싶은 말 한 가지를 적어보게
할 수도 있어요.

tip 둘: 종이에 적기 전에 질문의 예시와 범위를 들어주세요.

1분 대화

1. 두 사람씩 짝을 이루어 서로 마주 보고 섭니다.

2. "콩, 콩, 콩"이라고 말하면서 박자에 맞게 짝과 두 손뼉을 마주칩니다.

3. 선생님이 "바꿔!"라고 신호를 주면 얼른 다른 짝을 만납니다.

4. 선생님이 제시한 질문으로 1분 동안 이야기를 나눕니다.

5. 마치면 같은 방식으로 놀이를 이어갑니다.

tip 하나: 1분 안에 두 사람이 고루 말할 수 있게 시간을 잘 나눠 쓰도록 해요. 나 혼자만 말하면 짝의 이야기를 듣지 못하고 짝에 대해 알지도 못하겠죠.

tip 둘: 1분 안에 이야기를 주고받을 수 있는 질문이 적절해요.

tip 셋: 한 번 만난 짝은 다시 만나지 않는 규칙을 세우면 여러 사람을 만날 수 있어요.

질문 수집가

같은 종류의 질문 쪽지 7장을
빨리 모으는 놀이

1. 한 사람에 각각 질문이 다른 7장의 쪽지를 나눠줍니다. 단, 모든 사람이 받는
   질문 쪽지는 같습니다.

2. 시작과 함께 돌아다니면서 만나는 사람과 질문 쪽지를 1장씩 교환합니다.

3. 이때 교환하는 쪽지에 적힌 질문들로 30초 정도 이야기를 나눈 뒤 다른 사람을
   만납니다.

4. 대화를 마치면 쪽지를 교환하는 식으로 같은 종류의 질문 쪽지 7장을 최대한
   빨리 모읍니다.

5. 다 모은 사람은 "빙고!"를 외칩니다.

6. 일정 시간이 될 때까지 해보고 누가 빙고를 외쳤는지도 알아봅니다.

tip 하나: 7장의 질문 쪽지를 클립에 끼워 나눠주면 편해요.

tip 둘: 한 번에 한 장씩만 교환할 수 있어요.

tip 셋: 인원에 따라 수집할 질문 쪽지의 수를 조절해보세요.

질문 쪽지

- 어느 날 학교가 사라진다면?

- 타임머신이 생긴다면?

- 어느 날 우연히 보물 지도를 갖게 된다면?

- 원하는 슈퍼 히어로가 될 수 있다면?

- 무인도에 세 가지 물건을 가져간다면?

- 5개 국어를 말할 수 있다면?

- 하루 동안 원하는 동물이 되어서 살아볼 수 있다면?

14 굳이 하나

굳이 두 가지 제시어 중 하나를 고르는 놀이

1. 시작과 함께 돌아다니면서 다른 사람과 만납니다.

2. 활동지 문항 중 하나를 골라 2개의 제시어를 확인합니다.

3. "하나, 둘, 셋!"을 외치고 굳이 둘 중 하나를 선택해야 하는 상황이라면 어떤 것을 선택할지 외칩니다.

4. 같은 것을 외치면 해당 문항에 짝의 이름을 적습니다.

5. 만약 다른 것을 외치면 서로 다른 사람을 찾아갑니다.

6. 이런 식으로 최대한 빨리 10개의 문항을 마칩니다.

7. 일정 시간 동안 진행해봅니다.

tip 하나: 한 사람과 한 번에 한 문항씩만 할 수 있도록 해요.

tip 둘: 문항마다 각각 다른 사람의 이름이 적히도록 하면 많은 사람과 만날 수 있게 되지요.

번호	굳이 하나 고른다면	친구 이름
1	평생 여름 vs 평생 겨울	
2	50평짜리 최고급 아파트 vs 수영장 딸린 300평 전원주택	
3	에어컨 없는 교실 vs 난방 시설 없는 집	
4	맛있는 걸 잘 사주는 친구 vs 이야기를 잘 들어주는 친구	
5	세계적인 아이돌 되기 vs 세계적인 기업 CEO 되기	
6	한 달 동안 머리 안 감기 vs 한 달 동안 양치 안 하기	
7	김치 없이 라면 먹기 vs 콜라 없이 치킨 먹기	
8	평생 머리카락 안 기르기 vs 평생 발톱 안 깎기	
9	양말로 볼일 해결하기 vs 손에 물 묻혀서 볼일 해결하기	
10	1년 동안 핸드폰 없이 살기 vs 1년 동안 친구 없이 살기	

15 뜨거운 돌

가상의 돌을 주고받으며
서로 이름을 알아가는 놀이

1. 다 같이 둥그렇게 앉습니다.

2. 한 사람을 정하여 선생님이 제시한 질문에 한 단어로 답합니다.

3. 첫 번째 사람이 답을 한 뒤 재빨리 다른 한 사람을 정하여 그 사람 이름을
   부르고 가상의 뜨거운 돌을 실제로 전달하는 느낌을 살려서 던져줍니다.

4. 이름이 불린 참가자는 뜨거운 돌을 받듯이 연기를 하고 3초 안에 대답한 뒤에
   다른 사람에게 뜨거운 돌을 전달합니다.

5. 이런 식으로 마지막 사람까지 해봅니다.

tip 하나: 질문 주제는 자신이 좋아하는 음식, 동물과 같이 간단하고 서로 알아갈 수 있는
         질문이 적절해요.

tip 둘: 선생님이 시범으로 어떻게 하는지 동작을 크게 해서 보여주면서 학생들이 좀 더
        자유롭고 재밌게 참여할 수 있도록 촉진해요.

tip 셋: 학생들의 자유롭고 독특한 동작에 저절로 웃음이 나기도 해요.

tip 넷: 다른 친구들의 이름을 다 외운 사람이 있는지 알아볼 수도 있어요.

폭탄이 터지기 전에

폭탄이 터지기 전에 말을 하고
다른 사람에게 폭탄을 건네는 놀이

1. 선생님이 '나는 _____ 을 좋아해' 식으로 제시문을 준 뒤에 시작을
   외치며 30초 타이머를 누릅니다.

2. 시작과 함께 공(폭탄)을 가진 사람이 먼저 빈칸에 알맞은 단어를 넣어 말한
   뒤에 3초 안에 재빨리 다른 사람에게 던져줍니다.

3. 공을 건네받은 사람은 같은 방식으로 이어가면 됩니다.

4. 타이머가 울릴 때 다 같이 공을 가지고 있는 사람을 향해 "펑!" 하고 외칩니다.

5. 공을 가지고 있는 사람은 선생님에게 질문을 받아 대답합니다.

6. 다른 제시어로 공을 가지고 있는 사람부터 시작하여 같은 방식으로 해봅니다.

tip 하나: 공을 건네줄 때 상대의 이름을 부르며 던져줄 수 있어요.

tip 둘: '나는 어제 _____ 했어'와 같은 문장 외에도 ' _____ 조심'과 같은 단어
   만들기 또는 '과일', '동물' 등 특정 제시어로 할 수도 있어요.

tip 셋: 질문표를 제작하여 표에서 원하는 질문을 골라 대답할 수 있어요.

tip 넷: 학생들로부터 제시어 의견을 받거나 직접 질문하도록 할 수 있어요.

몇 명일까? (1)

예측되는 인원수를 알아맞히는 놀이

1. 선생님이 질문을 주면 학생들은 그 질문에 해당하는 사람이 몇 명일지 추측해 종이에 적습니다.

2. 다 같이 "하나, 둘, 셋!"을 외친 뒤에 질문에 해당하는 사람은 그 자리에서 일어섭니다.

3. 누가 맞혔는지 혹은 누가 가장 비슷하게 예측했는지 알아봅니다.

4. 이런 식으로 질문을 달리하여 여러 번 해봅니다.

tip 하나: '외동인 사람?', '전학 경험이 있는 사람?', '다른 나라에 가본 사람?' 식으로 다양한 질문을 줄 수 있어요.

tip 둘: 일어선 사람 중 한두 명에게 사연을 들어보세요.

몇 명일까? (2)

예측되는 인원수를 알아맞히는 놀이

1. 선생님은 예상되는 인원수를 말하고 예측한 인원에 해당할 것 같은 질문을 던집니다.

2. 예컨대 예상 인원수를 '3'이라고 말하고, '작년 한 해 이사한 사람?' 식으로 3명 정도 있을 것 같은 질문을 합니다.

3. 작년 한 해 이사 경험이 있는 사람은 일어서고, 만약 3명이 일어서면 모두가 성공입니다.

4. 이런 식으로 한 사람씩 질문을 만들어서 해봅니다.

tip 하나: '나보다 생일이 빠른 사람?', '게임 하는 사람?', '오늘 아침밥 안 먹은 사람?', '코로나 19에 2번 걸려본 사람?' 등 서로에 대해 알 수 있는 질문이 바람직해요.

tip 둘: 정답 오차범위를 정하여 그 범위 안에 있으면 성공한 것으로 할 수도 있어요.

tip 셋: 모둠별로 할 수도 있어요.

같은 놀이 다르게
다 같이 성공하는 방식 대신에 예측한 숫자와 실제 일어난 사람의 수의 차이만큼 점수를 얻는 방식으로 누가 점수를 가장 적게 얻는지 알아볼 수도 있습니다.

숫자로 나를 맞혀봐

질문의 정답일 것 같은 숫자만큼
손가락을 펴는 놀이

1. 선생님은 숫자로 답할 수 있는 자신에 관한 질문을 합니다.

2. 예컨대 "선생님 나이 앞자리 숫자는?", "선생님이 운전 면허시험을 본 횟수는?"
   과 같은 문제를 낼 수 있어요.

3. 학생들은 정답일 것 같은 숫자만큼 손가락을 폅니다.

4. 정답을 맞힌 사람은 1점씩 얻습니다.

5. 이런 식으로 다섯 문제 정도 해봅니다.

tip 하나: 질문의 정답 범위가 1에서 5 사이인 문제를 내도록 해요.

tip 둘: 질문에 따라 간단하게 사연을 나눠주세요.

같은 놀이 다르게

1. 선생님이 먼저 하고 나면 모둠별로 둥그렇게 앉습니다.
2. 시간을 줘서 한 명에 하나씩 퀴즈를 만들도록 합니다.
3. 모둠별로 순서를 정해 한 명씩 퀴즈를 내고 맞혀보는 방식으로 서로 이야기를
   나눕니다.

20 이런 사람 남아요

질문에 해당하는 사람은 끝까지 남는 놀이

1. 선생님은 특징을 알아보는 질문을 합니다.

2. 예컨대 '떡볶이가 좋아하는 사람?', '형제가 한 명 이상인 사람?', '잠자기 전에 일기 쓰는 사람?', '선생님이 잘생겼다고/예쁘다고 생각하는 사람?' 등 다양합니다.

3. 선생님의 첫 번째 질문에 해당하는 사람만 일어섭니다. 두 번째 질문부터는 질문에 해당하지 않는 사람은 앉습니다.

4. 마지막 한 사람이 남을 때까지 계속해봅니다.

tip 하나: 선생님은 미리 여러 질문을 준비해보세요.

tip 둘: 여러 질문 쪽지를 준비하여 뽑아서 할 수도 있어요.

tip 셋: 질문에 따라 학생들에게 사연을 들어보세요.

tip 넷: 처음에는 모두에게 해당할 것 같은 질문을 하고, 점점 그 수가 적을 것 같은 질문을 하는 게 바람직해요.

빨리 알아오세요! (1)

각 문항에 해당하는 사람을 빨리 찾아서
사인을 받는 놀이

1. 한 사람에 활동지와 사인펜을 하나씩 나눠줍니다.

2. 시작과 함께 큰 소리로 외치며 각 문항에 해당하는 사람을 찾아서 그 사람에게
   사인을 받습니다. 한 사람에게 최대 2개까지 사인을 받을 수 있습니다.

3. 이런 식으로 최대한 빨리 모든 문항을 완성하고 선생님에게 가져오라고 합니다.

4. 일정 시간 뒤에 모둠을 구성하여 모둠별로 둥그렇게 앉습니다.

5. 모둠별로 문항마다 어떤 친구를 찾았는지, 자신은 어떤 항목에 해당하는지
   이야기를 나눠봅니다.

tip 하나: 서로 정보를 주면서 도와주도록 하면 소통을 촉진할 수 있어요.

tip 둘: 모둠은 4~5명이 적절해요.

tip 셋: 활동지를 다 완성하고 선생님을 찾아온 학생에게는 축하해주고 못한 사람을 도와줄
   수 있도록 독려해주세요.

빨리 알아오세요		
발바닥 크기가 나와 비슷한 사람 _____	다룰 줄 아는 악기가 있는 사람 _____	가족이 다섯 명 이상인 사람 _____
전학을 가본 사람 _____	대회에 나가본 사람 _____	운동을 배우고 있는 사람 _____
라면을 끓일 줄 아는 사람 _____	반려동물을 키우는 사람 _____	게임 좋아하는 사람 _____
수술해본 사람 _____	다리 완전히 찢을 수 있는 사람 _____	머리 염색해본 사람 _____
무엇이든지 일등 해본 사람 _____	막내인 사람 _____	매운 음식을 못 먹는 사람 _____

빨리 찾아오세요! (2)

모둠별로 각 문항에 어울리는 사람을
빨리 찾아보는 놀이

1. 모둠별로 활동지와 펜을 하나씩 나눠줍니다.

2. 시작되면 모둠은 의논하여 4X4 빙고 칸에 있는 각 문항에 어울리는 사람이
   누구인지 쓰거나, 찾아내서 씁니다.

3. 이때 한 사람의 이름을 한 번 이상 쓰면 안 됩니다.

4. 다 작성하면 완성된 활동지로 빙고 놀이를 합니다.

5. 순서를 정하여 모둠별로 돌아가면서 "달리기 잘하는 친구, '배수민'" 식으로
   한 명씩 이름을 외치고, 그 이름을 적은 모둠은 표시합니다. 이때 '이야기 잘
   들어주는 친구, 배수민'처럼 다른 항목에 그 이름이 적혀 있어도 상관없습니다.

6. 이런 식으로 가로, 세로, 대각선으로 세 줄이 완성된 모둠은 "빙고!"를 외칩니다.

tip: 인원수에 따라 한 사람의 이름을 두 번까지는 쓸 수 있도록 해요.

달리기 잘하는 친구 _____	정리 잘하는 친구 _____	이야기 잘 들어주는 친구 _____	잘 도와주는 친구 _____
키 큰 친구 _____	일기 쓰는 친구 _____	욕하지 않는 친구 _____	잘 싸우지 않는 친구 _____
양보 잘하는 친구 _____	긍정적인 친구 _____	잘 웃는 친구 _____	감사를 잘 표현하는 친구 _____
재밌는 친구 _____	몸이 유연한 친구 _____	그림 잘 그리는 친구 _____	글씨 예쁘게 쓰는 친구 _____

짝꿍을 찾습니다

자신과 같은 사람을 찾아서 사인을 받는 놀이

1. 학생들에게 활동지와 펜을 하나씩 나눠줍니다.

2. 질문을 확인하고 '나'에 해당하는 빈칸들을 채웁니다.

3. 시작과 함께 소리를 외치며 항목별로 자신과 같은 사람을 찾아다닙니다.

4. 짝을 찾으면 해당 질문의 '짝꿍' 칸에 그 친구의 이름을 씁니다.

5. 이런 식으로 최대한 빨리 모든 문항을 채웁니다.

6. 일정 시간이 지나면 서너 사람씩 만나 작성한 내용으로 서로 이야기를 나눕니다.

tip: 다 완성한 사람이 있는지 알아보고 서로 축하해주세요.

짝꿍을 찾습니다			
번호	질문	나	짝꿍
1	신발 사이즈는?		
2	가장 좋아하는 과목은?		
3	취미는?		
4	혈액형은?		
5	형제 관계는?		
6	좋아하는 계절은?		
7	가장 많이 사용하는 SNS는?		
8	키워보고 싶은 반려동물은?		
9	좋아하는 영화 장르는?		
10	좋아하는 아이스크림 맛은?		

24 잠시 이야기 나눠요

돌아다니다가 만난 사람과
이야기를 나누는 놀이

1. 시작과 함께 자유롭게 돌아다니면서 만나는 짝과 발바닥끼리 살짝 부딪치면서 인사를 나눕니다.

2. 선생님이 "멈춰!"라고 외치면 그때 만나고 있는 짝과 가위바위보를 합니다.

3. 선생님이 제시한 질문으로 이야기를 나누는데 비기면 둘 다 대답하고, 승부가 결정나면 진 사람이 말하고 이긴 사람이 귀 기울여 들어줍니다.

4. 이런 식으로 일정 시간 동안 여러 사람과 만나 이야기를 나눕니다.

tip: 발바닥 대신 다른 신체 부위로 인사를 나눌 수 있어요

서클 대화

안쪽 원과 바깥쪽 원의 사람들이
짝을 바꿔가며 이야기를 나누는 놀이

1. 전체를 두 집단으로 나누어 한 집단은 안쪽에서 바깥쪽을 보고 둥그렇게 앉고 한 집단은 바깥쪽에서 안쪽을 보고 둥그렇게 앉습니다. 즉, 안쪽 원에 있는 사람들과 바깥쪽 원에 있는 사람이 마주 보고 앉게 됩니다.

2. 선생님이 질문을 주면 앞 사람과 그 질문으로 1분 정도 이야기를 나눕니다. 이렇게 2개의 질문으로 이야기를 나눈 뒤에 바깥쪽에 있는 사람들이 오른쪽으로 한 칸씩 이동합니다.

3. 이런 식으로 일정 시간 동안 여러 사람과 이야기를 나눕니다.

tip: 중간중간 이야기를 나누기 전에 짝과 함께할 수 있는 간단한 놀이(1장 참고)를 곁들이면 더욱 재밌어요.

함께 고민하고 함께 찾아가요

누군가의 고민을 모두의 고민으로
여기며 함께 찾아가는 놀이

1. 익명으로 요즘 드는 고민을 적고 쪽지를 두 번 접습니다.

2. 쪽지를 다 걷은 다음 선생님은 하나를 뽑습니다.

3. 내용을 읽어준 다음, 학생 중에 신청을 받아 익명의 쪽지 주인공에게 그 고민과
   관련된 자기 경험이나 도움이 될 수 있는 말, 위로와 격려의 말 등을 한마디씩
   나눠주도록 합니다.

4. 몇 사람의 나눔 후에 같은 방식으로 다른 쪽지를 뽑아 계속해봅니다.

준비물: 쪽지, 펜

tip 하나: 정답을 찾는 게 아니라 누군가의 고민을 함께 고민하고 찾아가는 분위기가 되도록
　　　　해주세요.

tip 둘: 함께 고민을 나눈 것만으로도 위로를 받고 힘을 얻기도 해요.

tip 셋: 어떤 고민에 대해서는 포스트잇에 들려주고 싶은 말을 적어서 칠판에 붙인 다음
　　　　함께 나누는 시간을 가져도 좋아요.

27 비밀친구

비밀친구에 대해 알아보고
누구인지 맞혀보는 놀이

1. 친구 이름이 적힌 쪽지를 하나씩 뽑아 자신의 비밀친구를 확인합니다.

2. 하루 동안 비밀친구에 대해 발견하거나 알게 된 5가지를 비밀친구 이름과 함께 쪽지에 적어 언제든지 쪽지함에 자유롭게 넣습니다.

3. 선생님이 틈이 날 때 쪽지를 하나씩 공개하면 학생들은 그 주인공이 누구인지 알아맞힙니다.

4. 정답이 공개된 뒤에는 쪽지의 주인공에게 그 내용이 맞는지도 확인해봅니다.

준비물: 쪽지, 펜, 쪽지함

tip 하나: 신체적인 특징, 오늘 함께했던 일, 자주 하는 말, 행동 특성 등 비밀친구에 대해 어떤 내용을 적어야 할지 예시를 들어주세요.

tip 둘: 최대한 비밀친구에게 들키지 않도록 일러주세요.

28 제시어로 질문을 만들어요

제시어로 직접 만든 질문으로
이야기를 나누는 놀이

1. 선생님은 학생들에게 다양한 제시어를 보여줍니다.

2. 학생들은 마음에 드는 제시어를 고릅니다.

3. 제시어를 활용하여 질문을 만들어 메모지에 씁니다.

4. 다 쓴 뒤에는 각자 메모지를 들고 자유롭게 돌아다니면서 만난 사람과
   메모지에 적힌 질문을 갖고 대화를 나누고 상대의 메모지와 바꿉니다.

5. 같은 방식으로 일정 시간 진행하면 됩니다.

tip 하나: 제시어로 어떻게 질문을 만들 수 있는지 예를 보여주세요.

tip 둘: 활동을 마친 뒤에 칠판이나 벽에 학생들이 만든 질문을 붙여보도록 해요.

초능력	음식	취미	똥	거짓말
유튜버	타임머신	돈	만약에	환경
시험	보물	학교	동물	가수
부모	게임	여행	공부	화장실
소원	실수	가족	선생님	친구

29 빨리빨리 찾아가는 인터뷰

다른 사람을 찾아가 인터뷰를 통해
서로 알아가는 놀이

1. 각 사람에게 활동지와 펜을 나눠줍니다.

2. 시작과 함께 빨리 아무에게나 찾아가 활동지에 있는 질문 중 하나를 골라 서로
   이야기를 나눕니다.

3. 이때 상대의 이야기를 잘 듣고 기억해두어야 한다고 일러줍니다.

4. 마치면 해당 질문 옆에 확인 표시로 상대의 이름을 씁니다.

5. 이런 식으로 모든 질문을 마칠 때까지 합니다.

tip 하나: 한 사람에 한 개의 질문만 할 수 있는 규칙을 세우면 여러 사람을 만나 이야기를
         나눌 수 있어요.

tip 둘: 활동 후에 몇몇 사람에게 질문해서 함께 이야기 나눈 친구에 대해 다 같이 들을 수
       있는 시간을 가져보세요.

번호	질문	친구 이름
	빨리빨리 찾아가는 인터뷰	
1	어떤 색깔을 좋아해? 그 색깔을 보면 어떤 느낌이 들어?	
2	세계적인 운동선수가 될 수 있다면 어떤 종목의 선수가 되고 싶어? 그 이유는?	
3	잠자리에 들기 바로 전에 주로 무엇을 해?	
4	학교에서 공부 과목을 하나 없앨 수 있다면 어떤 과목이 사라지면 좋겠어? 그 이유는?	
5	널 닮은 동생이 생긴다면 어떨 것 같아? 동생이 생긴다면 네 일상이 어떻게 바뀔까?	
6	집에서 노는 게 더 좋아, 밖에서 노는 게 더 좋아? 집에서 주로 뭐하고 놀아?	
7	재밌는 영화가 더 좋아, 무서운 영화가 더 좋아? 기억에 남는 영화는 뭐가 있어?	

30 나랑 통하는 친구를 찾아요

나랑 같은 걸 좋아하는 사람을 빨리 찾는 놀이

1. 시작과 함께 다른 사람을 찾아가 제시어를 하나 고릅니다.

2. "하나, 둘, 셋"을 외치고 동시에 둘 중 더 좋아하는 것 하나를 외칩니다.

3. 같은 단어를 말해서 생각이 통하면 아래 빈칸에 상대의 이름을 씁니다.

4. 만약 다른 단어를 말하면 "괜찮아, 괜찮아"를 외치고 다른 사람을 찾아갑니다.

5. 이런 식으로 모든 제시문에 대해 생각이 통하는 짝을 찾아봅니다.

tip 하나: 같은 사람하고만 계속하지 않도록 한 사람과 연속으로 두 가지를 할 수 없는
규칙을 세워보세요.

tip 둘: 만난 사람과 두 번까지 외칠 수 있는 규칙으로도 해보세요. 두 번째에 통하면
더 짜릿하기도 해요.

앵무새 키우기 VS 물고기 키우기 _____	놀이동산 VS 워터파크 _____	노래 부르기 VS 노래 감상하기 _____
방탈출 카페 VS 보드게임 카페 _____	수영장 VS 썰매장 _____	자동차 여행 VS 기차 여행 _____
외계인이 내 친구 VS 용이 내 친구 _____	딸기 아이스크림 VS 초콜릿 아이스크림 _____	음식물 쓰레기 버리기 VS 변기 닦기 _____
아기로 돌아가기 VS 어른 되기 _____	봄 VS 가을 _____	이빨 없기 VS 머리카락 없기 _____

어록으로 다 함께 즐기는 월드컵 놀이

1. 선생님이 어록 두 개를 제시합니다.

2. 어록 (1)이 좋은 학생들은 앉아 있고, 어록 (2)가 좋은 학생들은 일어섭니다.

3. 더 많은 학생의 선택을 받은 어록이 올라갑니다.

4. 이런 식으로 어록 (3)과 (4), (5)와 (6), (7)과 (8)끼리 대진을 붙입니다.

5. 각각 올라간 어록끼리 동일한 방식으로 4강, 결승을 붙입니다.

6. 우리 반의 '오늘의 어록'이 무엇인지 알아봅니다.

tip 하나: 재밌는 어록, 동기를 부여하는 어록이나 명언 등 여러 주제로 해볼 수 있어요.

tip 둘: 6~8명으로 모둠을 구성하여 소그룹으로 즐길 수도 있어요.

tip 셋: 학생들에게 '공부', '친구', '화장실' 등 주제를 주고 직접 어록을 만들어보도록
　　　　할 수도 있어요.

tip 넷: 어록 대신 명언, 가치, 초능력, 음식, 세상의 재밌는 이름 등 다른 주제로도
　　　　할 수 있어요.

재밌는 어록 예시

1. 티끌 모아봤자 티끌이다.

2. 오는 건 순서 있어도 가는 건 순서가 없다.

3. 인생은 한 방이 아니다.

4. 열심히 공부 안 하면 더울 때 더운 데서 일하고 추울 때 추운 데서 일한다.

5. 시작은 반이 아니다, 시작일 뿐이다

6. 늦었다고 생각할 때는 이미 늦었다. 당장 시작해라.

7. 포기하면 편하다.

8. 고생 끝에 골병난다.

9. 즐길 수 없으면 피해라.

10. 하나를 보고 열을 알면 무당.

11. 일찍 일어나는 새가 피곤하다.

12. 내 너 그럴 줄 알았다―알았으면 미리 말을 해줘라.

* 위의 예시는 박명수 씨 어록임을 밝힙니다.

다섯 고개 친구 맞히기

다섯 단계의 힌트로 누구인지 맞히면서
서로 알아가는 놀이

1. 각자 자신의 쪽지에 선생님이 불러준 질문에 따라 순서대로 답을 씁니다.

2. 예컨대 '1단계 질문: 학교에 어떻게 오나요? 2단계 질문: 신체적 특징이 뭐가
   있나요? 3단계 질문: 잘하는 게 무엇인가요? 4단계 질문: 동생이 있나요?
   있다면 몇 살인가요? 5단계 질문: 이름 초성은?' 식으로 5단계까지
   질문을 줍니다.

3. 학생들은 질문에 답을 다 쓰고 한쪽에 작게 자신의 이름을 쓴 다음
   종이비행기를 접어서 교탁 앞으로 날립니다.

4. 선생님이 종이비행기 하나를 골라서 1단계부터 공개합니다.

5. 학생들은 단계별 힌트를 듣고 쪽지의 주인공이 누구인지 알아맞힙니다.

6. 이런 식으로 다른 쪽지로도 해봅니다.

준비물: 종이, 펜

tip 하나: 중간중간 선생님이 쪽지의 주인공에 대한 특징이나 소중한 모습을 덧붙여 소개하는
식으로 추가 힌트를 줄 수 있어요.

tip 둘: 작성할 때 옆에 있는 친구들이 안 보이게 쓰도록 해요.

tip 셋: '보물 1호', '자주 쓰는 물건'과 같이 힌트 질문은 달리할 수 있어요.

제시어 힌트로 누구인지 맞히면서
서로 알아가는 놀이

1. 각자 학급 친구 중에 한 사람을 마음속으로 떠올립니다.

2. 각자 그 친구를 생각하면 떠오르는 단어 4개와 주인공 이름을 적습니다.

3. 이때 단어 밑에 왜 그 단어가 떠오르는지 짧게 씁니다.

4. 다 쓴 뒤에는 종이를 뭉쳐서 공을 만든 뒤에 상자에 모읍니다.

5. 선생님이 종이 공 하나를 뽑아 내용을 발표하면 학생들은 쪽지의 주인공이 누구인지 맞혀 봅니다.

6. 이런 식으로 계속해봅니다.

준비물: 종이, 펜

tip 하나: 친구의 장점, 좋아하는 과목, 습관, 성격, 함께했던 추억, 그 밖에 알고 있거나 알게 된 점 등을 떠올리며 적으면 돼요.

tip 둘: 제시어를 다 쓰고 나서 그 친구에게 건네는 '힘이 되는 말'이나 한 줄 편지를 쓰도록 하면 좀 더 따뜻한 분위기가 돼요.

tip 셋: 짝꿍 또는 모둠으로 할 수 있어요.

이름 삼행시

짝의 이름으로 삼행시를 짓고 선물하는 놀이

1. 내 짝의 이름으로 삼행시를 짓습니다.

2. 삼행시 밑에 짝에게 느껴지는 긍정적인 첫인상을 적습니다.

3. 한 사람씩 순서대로 친구 이름으로 삼행시와 첫인상을 들려줍니다.

4. 삼행시를 들려줄 때 다 같이 한 글자씩 선창해주고, 마치면 다 같이 박수를 보내줍니다.

5. 같은 방식으로 마지막 사람까지 해봅니다.

준비물: 펜, 포스트잇

tip 하나: 긍정적인 첫인상 대신 장점을 적을 수도 있어요.

tip 둘: 모둠별로 할 수도 있어요.

35 올해

쪽지의 주인공을 알아맞히면서
한 해 나와 우리 반을 돌아보는 놀이

1. 학생들은 선생님이 제시한 세 가지 질문을 듣고 쪽지에 각 질문의 답을 적습니다.

2. 쪽지를 두 번씩 접어서 다 걷습니다.

3. 선생님은 중간중간 쪽지의 내용을 서너 개씩 공개하면서 주인공이 누구인지
   다 같이 알아맞혀봅니다.

4. 이런 식으로 틈틈이 쪽지의 주인공을 알아보면서 한 해를 돌아봅니다.

준비물: 종이, 사인펜

tip 하나: 쪽지는 옆 사람이 안 보이게 써야 해요.

tip 둘: '올해 우리 반 3대 뉴스', '올해 우리 반의 멋진 점', '올해 감사한 점', '올해의 변화와
        성장'과 같이 나와 우리 반의 한 해를 돌아볼 수 있는 주제를 생각해보세요.

tip 셋: 모둠별로 할 수도 있어요.

36 YES or NO

둘 중 하나로 답할 수 있는 질문으로
서로 알아가는 놀이

1. 선생님이 Yes 또는 No로 답할 수 있는 질문을 합니다.

2. 예컨대 "나는 매운 음식을 좋아한다, Yes or No?" 식입니다.

3. "Yes"인 학생들은 일어서고, "No"인 학생들은 앉습니다.

4. 누가 매운 음식을 좋아하고 안 좋아하는지 알아봅니다.

5. 몇몇 학생들에게 추가 질문을 해서 어떤 매운 음식을 좋아하는지, 특히
   어떤 음식을 못 먹는지 등을 알아봅니다.

6. 이런 식으로 몇 가지 질문을 통해 서로 알아갑니다.

tip: 학생들이 직접 질문을 제안할 수 있게 해보세요.

질문
• 나는 매운 음식을 좋아한다. • 나는 최근 무서운 꿈을 꾼 적이 있다. • 나는 기후환경에 관심이 많다. • 나는 어제 동생과 싸웠다. • 나는 운동을 좋아한다. • 나는 자주 일기를 쓴다. • 나는 가방에 남들이 없을 것 같은 물건이 있다. • 나는 스파이더맨 같은 슈퍼 히어로가 되는 상상을 해본 적이 있다. • 나는 돈이 가장 중요하다고 생각한다. • 나는 신의 존재를 믿는다.

사람 책

선생님이 사람 책이 되어
이야기를 들려주는 놀이

1. 선생님이 사람 책이 되고, 학생들이 독자가 됩니다.

2. 선생님은 세 가지 정도 자신의 삶과 관련한 이야기(예: 친구, 연애/결혼, 어린 시절)를 떠올려보고 각 이야기에 적절한 책 제목을 붙여봅니다.

3. 학생들에게 미리 준비한 세 가지 책 제목을 소개하고 책별로 어떤 내용인지 15~20초씩 짧게 소개합니다.

4. 학생들은 손을 들어서 자신이 듣고 싶은 '사람 책' 이야기에 투표합니다.

5. 선생님은 가장 많이 선택받은 이야기를 5~7분 정도 들려주고 나서 독자인 학생들에게 책과 관련한 질문을 받아 이야기를 이어갑니다.

6. 시간이 되면 서로 인사하고 마칩니다.

tip 하나: 책 내용이 궁금해지고 흥미를 유발하는 책 제목과 소개를 준비해보세요.

tip 둘: 활동 시간은 적절하게 정해보세요.

대화 놀이 일화 나누기

이야기 하나. 대화로 풀어가는 갈등해결

놀이 세계는 제한된 시간과 공간 속에서 규칙과 약속에 의해 새롭게 탄생하는 또 다른 세계다. 나 혼자만 즐거우려면 즐거울 수 없다. 다 같이 즐거울 수 있어야 나도 즐겁다는 사실을 아이들은 놀이 세계에서 경험하고, 나도 즐겁고 다른 사람도 즐거울 수 있는 지혜를 깨우치고 시도하고 성장해간다.

놀이라는 '또 다른 세계'의 삶이 아이들을 가르친다. 놀이라는 삶으로 배우는 것들은 아이들에게 고스란히 남는다. 아이들과 나도 즐겁고 다른 친구들도 즐거울 수 있는 나 자신과 하는 약속을 정해보기로 했다. 놀이 규칙을 존중하여 지키고 나 자신과 하는 약속을 지켜보기로 한 것이다.

'놀이에 적극적으로 참여하기', '져도 삐지지 않기', '졌다고 울지 않기', '다른 친구를 기다리기', '짜증 내지 않기', '축하하고 박수쳐주기', '싸우지 않기', '욕하지 않기', '안전하게 놀기', '양보하기', '친구와 사이좋게 지내기', '배려하기', '위로하기'……

정말 다양한 나 자신과의 약속이 나왔다. 들여다보면 다 따뜻한 마음이 담겨 있다. 아이들은 어떻게 하면 즐겁고 행복할 수 있는지 스스로 알고 있다. 그리고 아이들 안에 그 힘이 있다. 우리 역할은 아이들이 놀도록 하고, 그 곁에서 아이들 안에 있는 힘을 신뢰하고 발현할 수 있도록 함께하고 돕는 것이다.

특히 호수(가명)라는 어린이와 깊이 있는 만남을 가졌다. 선생님께 이 친구의 학급 생활에 대해 들었다. 자주 자기감정을 주체하지 못해 분노하거나 선생님에게도 무례한 언행뿐 아니라 수업 중에도 교실 밖으로 뛰쳐나가 위기가 많았단다. 이와 관련해 약도 복용하고 있다. 다른 친구들과도 마찰과 갈등이 심해 교우 관계도 어려운 면이 많단다. 한번은 떨어져 죽겠다며 학교의 높은 난간에서 소동을 일으킨 적도 있을 만큼 어려움이 많은 친구였다. 초등학교 2학년 어린이가 감당하기에는 너무 큰 아픔이다. 그러한 호수가 마지막 날, 나 자신과 한 약속이 인상적이었다.

'배려하기', '수업 시간에 나가지 않기', '수업 시간에 방해하지 않기'

자기 자신을 정직하게 들여다보고 자기 도전과 약속을 적은 것이다. 놀랍고 눈물이 날 것 같았다. 실제로 하루 동안 지켜보면서 감사하고 대견해 더 눈물이 날 것 같았다. 한번은 호수가 기분 상한 일이 있었다. 그런데도 스스로 소체육실 밖으로 나가지 않으려고 참는 게 보였다. 문에 팔을 붙이고 서서 자기 마음을 달래고 다스리고 있는 모습이 보였다. 그 러더니 이내 마음을 스스로 정리하고는 다시 들어와 즐겁게 참여했다.

너무 감격스럽고 대견하고 기쁘고 감사했다. 그렇게 호수의 마음이 자라고 있음이 느껴졌다. 절로 감사가 나왔다. 두 번째 만남 때(8월 24일)였다. 태수(가명)는 호수 때문에 속상한 일이 있어 씩씩거리며 마음을 진정시키지 못하고 있었다. 내가 다가가 무슨 일인지 묻고 공감하며 듣고 나누었다. 삼촌은 태수가 즐겁고 행복하길 바란다고, 태수에게는 이 일을 건강하게 해결할 수 있는 힘이 있다고 믿는다고 들려준 뒤에 물었다.

"태수는 이 일을 어떻게 건강하게 풀면 좋겠어?"

그러자 태수는 씩씩거리던 표정과 마음을 가라앉히고는 내 눈을 보며 대답했다.

"대화요."

마침 그때 호수가 찾아왔다. 그리고 태수에게 진심으로 사과를 건넸다. 둘을 바라보면서 어른이 끼어들어 화해시키지 않아도 두 친구가 삼촌 없이 화해하고 풀 수 있을 거라고 신뢰를 보냈다. 그다음 물었다. "두 사람이 스스로 화해하고 풀도록 잠시 자리를 비켜줄까?" 호수와 태수 모두 고개를 끄덕이며 그러겠노라 했다. 그렇게 두 친구는 평화롭게 화해를 했다.

셋째 날이었다. 이번에는 오해로 인해 둘이 크게 붙는 일이 있었다. 오후 쉬는 시간, 저마다 하고 싶은 놀이를 하며 즐기고 있었다. 대부분 아이들이 피구를 함께하고 있었는데 호수와 태수가 주먹다짐을 했다. 함께 집단 지도자로 참여한 영하 지도자가 이 장면을 목격

하고 바로 제지한 뒤에 어떤 상황에서도 폭력은 옳은 방법이 아님을 말해주었다. 그리고 이들을 진정시킨 뒤에 어떤 상황인지 자초지종을 들었다.

호수가 상황을 말해주길 태수가 공을 맞고 아웃되었는데 같은 편인 지율이의 공을 잡고는 빼앗으려 하기에 그러면 안 된다고 하자 갑자기 폭력을 휘둘렀다는 것이다. 이에 태수는 분명히 손가락으로 표시하면서 한 번만 봐달라고 말했는데 기회를 주지 않아 화가 났단다. 이후에 영하 지도자가 "그럼 이제 어떻게 하면 폭력을 사용하지 않고 함께 놀 수 있을까?"라고 둘에게 물었다. 태수는 여전히 화가 안 풀린 표정으로 약간 눈물을 보이며 숨을 크게 내쉬었고, 호수가 잠시 침묵 뒤에 태수를 바라보며 말했다.

"태수야, 다음에 한 번 더 하고 싶을 때는 모두가 들을 수 있도록 말해주면 좋겠어."
"화가 안 삭혀지면 숨을 크게 들이 내쉬면 괜찮아져."

이렇게 말하고는 태수 곁에 조용히 함께 있어 주었다. 호수는 종이로 비행기를 접어주면서 조금이라도 태수 마음을 풀어주려고까지 노력했다. 어떤 일이 마음대로 되지 않을 때 소리를 지르거나 밖으로 뛰쳐나가고, 갈등 상황이 생길 때 분노를 참지 못하고 다투던 호수의 변화와 성숙해진 모습이 인상적이었다.

놀이란 놀이만의 세계 즉, 허구 세계에서 펼쳐지는 현실이다. 나는 그것을 '허구 현실'이라 부른다. 어린이들에게 놀이 세계는 '허구 현실' 속에서 새로운 세상과 세계를 만나고 관계를 맺으면서 즐거움을 누리고, 구속력을 갖는 놀이 세계의 규칙 안에서 규칙이 주는 편안함과 자유로움을 경험한다. 안전한 놀이 공동체 안에서 스스로 놀고, 더불어 즐겁고 행복한 세계를 만들어간다. 이를 통해 더불어 사는 지혜와 힘도 자란다. 놀이는 어린이들에게 안전한 실험실이요 배움터이자 자람터이며, 삶의 무대이고 현장이다. 놀이에서 얻은 경험은 거기서 끝나지 않고 놀이가 끝난 이후에 지속되는 경향이 있다.

아이들의 고백에서 나타난다. 놀이의 규칙을 존중하고 지키니까 더 즐겁다고, 서로 배려하면 놀이가 더 즐겁다고. 아이들은 놀이라는 삶을 통해 깨닫고 배운다는 사실을 확인하게 된다. 아이들에게 들려주었다. 놀이처럼 누가 대신 즐겁고 행복한 교실을 만들어주지 않는다고. 여러분이 스스로, 더불어 만들어가는 거라고. 그리고 그 힘이 여러분 안에 있음을 믿는다고, 기억하라고 힘을 실어주었다. 즐겁고 행복한 만남, 진한 사귐이었다. 고마운 만남이었다.

이야기 둘. 안전한 지지 공동체

나는 놀이를 통해 전국 각지의 초·중·고등학생 친구들을 만나고 있다. 놀이로 하는 인성교육에서 학급 관계 증진, 관계 회복, 학교 폭력 예방 등 다양한 주제로 집단프로그램을 진행하고 있다. 이 외에도 다양한 교육복지상담 현장의 어린이, 청소년들을 만난다. 그중에 깊은 애정을 갖고 지속적으로 만나는 친구들이 있는데, 수용자 자녀들이다. 아동복지실천회 세움과 협력하여 5년째 활동을 통해 아이들을 만나오고 있는데 현재는 수도권 지역을 중심으로 3~4명으로 구성된 소그룹 형태의 '찾아가는 멘토링' 활동을 진행한다.

찾아가는 멘토링은 한마디로 '멘티가, 멘티에 의해, 멘티를 위해' 하는 자기주도적인 집단활동으로 멘티가 스스로, 더불어 건강하게 성장할 수 있도록 돕는 것을 목적으로 한다. 이에 사전에 아동들이 자기 동의와 자기 선택을 통한 자발적 참여 과정의 절차를 밟음으로써 아이들을 초대한다. 첫 만남에서는 하루 활동을 마친 뒤에 공동의 의사결정 과정을 통해 한 해 활동 계획을 세운다.

나는 찾아가는 멘토링을 '만남과 사귐'이라고 하고 싶다. 행복하고 소중한 만남과 사귐이다. 그리고 우리의 만남은 놀이다. 모든 것이 놀이다. 활동을 마친 뒤 하루를 돌아볼 때 가장 많이 하는 표현이 '재밌다', '즐겁다', '행복하다'이다. 오늘 하루가 천국 같다, 솜사탕 같다, 스트레스가 풀렸다, 많이 웃었다, 재밌었다, 행복하다, 기분이 좋아졌다, 홀가분하다, 여행 다녀온 것 같다 등 그 표현도 다양하다. 아이들 안에 움츠러들고 구겨지고 상처난 마음이 자유로워지고 조금은 새 힘을 얻는 게 느껴진다. 보통 일 년 정도 활동을 함께하고 나면 서로 가까워지고 어느새 가족처럼 편안한 사이가 된다. 찾아가는 멘토링의 유익함은 즐겁고 서로 친해지는 데만 있는 게 아니다. 서로에게 안전한 지지 공동체가 되어

주기도 한다. 예진(가명)이는 소감문에 이렇게 썼다.

1박 2일 여름 캠프 때(나는 친구들과 우리 집 이야기를 안 한다)
우리와 같이 일상을 살아가는 사람들과 이야기를 나누니 거리낌 없이 대화할 수 있었다.

우리는 차 안에서나 활동 중에, 활동을 마친 뒤에 대화를 나누곤 한다. 대화와 관련하여 초 3, 초 5, 초 6 친구들과 있었던 일화 하나를 소개하고 싶다.

"우리가 이렇게 대화를 많이 하는 건 처음이에요."

밝고 활달한 예지(가명)가 한 해 마지막 활동을 떠난 1박 2일 여행에서 했던 말이다. 처음과 많이 달라진 우리 모습을 발견하고는 놀란 것이다. 마지막 소감문에는 첫 만남을 '첫 만남은 어색했다. 나는 성격이 E라 상상해보지 못한 광경이었다'라고 돌아보기도 했다. 그도 그럴 것이 예지가 속한 조 친구 중 두 명은 극 내향성의 친구들이었다. 일례로 그중 한 명인 혜지(가명)는 처음 2회기까지도 무언가를 물어봐도 목소리가 안 들려서 서로 통역(?)해야 알아들을 수 있을 만큼 작았고, 물어볼 때만 간신히 단답형으로 대답하던 친구였다. 그랬던 혜지는 언니, 오빠, 동생과 즐겁게 어울리면서 회기를 거듭할수록 더 많이 웃고 표정이나 행동도 좀 더 편안해지고 자유로워졌다. 목소리도 커지고, 먼저 말을 건네거나 농담까지 건네며 자기 의사도 적극적으로 표현하기도 했다. 자유롭고 편안한 소통이 가능한 관계가 된 것이다.

나는 아이들에게 먼저 수감된 부모나 가정의 이야기를 묻거나 알려고 하지 않는다. 하지만 아이들은 집단 안에서 안정감을 느끼며 자연스럽게 아빠, 엄마, 가족 이야기를 편안하게 꺼내곤 한다. 마지막 전 회기부터 아이들은 부모 이야기를 꺼내기 시작했다. 마지막 회기에서는 바닷가에서 모래 놀이하다가 한 해 추억을 나누는데, 자연스럽게 아이들이 3년 만에 처음으로 아빠를 직접 만나러 갔던 이야기를 꺼낸다거나 가족과 바닷가로 놀러갔던 기억, 아빠 엄마에 관한 이런저런 이야기를 나눴다.

돌아가는 차 안에서 툭 "만약 초능력이 생긴다면?"이라는 질문을 던지자 아이들은 누가 먼저랄 것도 없이 대답하며 이야기를 이어갔다. 예지는 과거에 후회했던 순간으로 돌아가서 그렇게 하지 않을 거라고 하고, 막내인 진수(가명)는 과거로 돌아가서 아빠 엄마가 그렇게 하지 않도록 알려줄 것이라고 했다. 한편 혜지는 이를 듣고는 "과연 그럴까?"라며 반문하기도 하는 등 같은 공감대 안에서 서로를 들어주고 내 안에 숨겨둔 이야기를 꺼냈다. 초등학교 3학년 때부터 5년 동안 만나온 지수(가명)는 종결 파티 때 찾아가는 멘토링 덕분에 '더 나은 사람'이 됐다고 말하면서 '부모님에게도 말할 수 없는 고민을 털어놓을 수 있는 창구'였다고, '학교생활이나 인간관계에 스트레스를 되게 많이 받았을 때, 그런 고민들을 다 없애주고 쉬어갈 수 있었다'고 들려주기도 했다.

다시 한 번 확인할 수 있었다. 안전한 지지 공동체 안에서 자유롭고 친밀한 대화가 자연스럽게 오간다는 사실, 또한 우리 아이들에게는 안전한 지지 공동체가 필요하다는 사실을 말이다. 그 안에서 갖는 행복한 만남과 사귐의 과정을 통해 아이들에게 소중한 변화와 성장이 일어난다. 집 외에 아이들이 하루 중 가장 많은 시간을 보내는 학교가, 학급이라면 얼마나 좋을까. 아이들이 속한 공동체 곳곳이 그런 곳이 되어줄 수 있다면 서로에게 얼마나 큰 힘이 되고 위로가 되며 성장의 디딤돌이 될까. 그런 면에서 건강하고 행복한 만남과 사귐이 일어나고 그 안에서 즐겁고 편안한 대화가 오가는 놀이 집단이 많아지길 소망해본다.

찾아가는 교육 프로그램

어린이들의 열쇠 삼촌 한기철 대표가 섬기고 있는 〈파란나라〉는 전문성과 진정성을 바탕으로 교육, 복지, 상담 기관 등 다양한 초등 현장의 교육 및 프로그램으로 찾아가 만나고 있습니다. 관심 있거나 필요하신 분들은 연락주세요.

구분	내용
지도자 교육	대화 놀이뿐 아니라 놀이로 하는 인성교육, 집단상담 등 다양한 주제로 현장에 맞는 지도자 교육 및 전문 연수 진행
집단프로그램	인성교육, 사회성 향상, 학교폭력 예방, 생명존중, 학기 초 적응 및 관계증진, 심리정서 지지, 리더십 향상 등을 위한 놀이로 하는 초등 집단프로그램 및 캠프 진행
저자 특강	센터, 학교, 도서관, 그 외 필요한 곳에 놀이를 주제로 저자 특강 진행(대면 & 비대면)
프로그램 매뉴얼 개발	의뢰 기관의 요청에 따른 프로그램 매뉴얼 개발 진행

소통
이메일 humanhwg@naver.com (열쇠 삼촌 한기철)
블로그 blog.naver.com/humanhwg

초등학생을 위한 대화 놀이 123

초판 1쇄 발행일 2024년 4월 5일

지은이 한기철
펴낸이 김현관
펴낸곳 율리시즈

책임편집 김미성
표지디자인 북디자인 경놈
본문디자인 진혜리
종이 세종페이퍼
인쇄 및 제본 올인피앤비

주소 서울시 양천구 목동중앙서로7길 16-12 102호
전화 (02) 2655-0166/0167
팩스 (02) 6499-0230
이메일 ulyssesbook@naver.com
ISBN 979-11-983008-5-0 03370

등록 2010년 8월 23일 제2010-000046호

책값은 뒤표지에 있습니다.